La Pesanteur et la Grâce

重负与神恩

[法]西蒙娜·薇依（Simone Weil）◎著
顾嘉琛 杜小真◎译

Simone Weil

华夏出版社
HUAXIA PUBLISHING HOUSE

目 录

001 / 中译本导言

001 / 法文版编者序言

039 / 重负与神恩

043 / 虚空与报答

049 / 接受虚空

051 / 超脱

056 / 填补虚空的想像

059 / 弃绝时间

061 / 无对象的渴望

065 / 我

072 / 失去创造

081 / 隐没

084 / 必然与服从

092 / 错觉

102 / 偶像崇拜

104 / 爱

112 / 恶

124 / 不幸

130 / 暴力

132 / 十字架

138 / 天秤与杠杆

140 / 不可能

144 / 矛盾

150 / 必然和善之间的距离

153 / 偶然

155 / 应爱的人不在场

160 / 涤罪的无神论

162 / 专注和意志

170 / 训练

175 / 知性与神恩

181 / 阅读

185 / 盖吉兹指环

188 / 宇宙的意义

194 / 中保

198 / 美

203 / 代数

206 / 社会字母

210 / 猛兽

216 / 以色列

222 / 社会的和谐

230 / 劳动的奥秘

中译本导言

> 信仰是精神的绝对创造，就是精神本身，就是绝对，上帝在我们之中创造了信仰。
> ——拉缪（Lagneau，1851—1894）

有人把薇依的《重负与神恩》与帕斯卡尔的《思想录》相提并论，并称薇依为"当代的帕斯卡尔"。这位法国 20 世纪杰出的宗教思想家，因循的是帕斯卡尔的神秘主义信仰之路：信仰不是拿来炫耀之物，而是艰难的、绝非轻松的重负。《重负与神恩》（和《思想录》一样）不是系统的专门论著，是薇依的朋友、著名宗教学家梯蓬（C. Thibon，1903—?）在薇依身后从她大量手稿、言谈记录中整理成书的。这些闪烁着精神之光的篇章渗透着薇依的深邃思考，显示了薇依的伟大心灵和崇高的信仰，是 20 世纪基督神秘主义思想史上一部不容忽视的著作。

一

薇依（Simone Weil）1909年生于法国巴黎一个文化教养很高的富裕的中产阶级家庭。我们可将她的思想、著述经历分为四个阶段：

1926年到1931年，薇依进入巴黎高师从事哲学学习、研究。这个阶段深深刻印着她在亨利第四中学高师预备班的老师、著名哲学家阿兰（Alain, 1868—1951）的影响。薇依在1928年进入巴黎高师后，继续为阿兰写一些文章，比较重要的发表在《自由言论》（Libres propos）。受阿兰的启迪，薇依对古希腊思想、笛卡儿哲学、康德哲学等都有深入广泛的研究。薇依早期的一篇名为《美与善》的文章表现了她一些独特观点：薇依认为善是"为摆脱物进行的精神运动"，这种摆脱则成为感知美的条件。在高师学习期间，马克思主义与工团主义对薇依的影响也很大，她对社会问题、对劳苦工农及受压迫的底层人民的苦难有着天生的深切感受。

1931年到1934年，薇依先后在外省的几所中学任哲学教师。她积极参加各种政治活动，对社会问题进行思考。她在希特勒上台后发表长篇调查，深入分析德国形势。1934年，薇依完成题为《关于自由与压迫之原因的思考》的论文。论文第一部分是对马克思主义的反思。薇依认为，马克思提出的革命目标是发展生产力，是人类解放自然而然地实现,而实际上,技术与劳动组织的进步既不能使生产不断增长,也不能削减人的力量。论文的第二部分分析了压迫,薇依指出,在反压迫的斗争中,被压迫者的反抗若没有同时被粉碎,就只能导致压迫集团的更换和压迫形式的变化。论文的第三、第四部分,致力于对于自由的条件、对日常生活和劳动中人的思想获得解放的方法的研究。薇依对马克思主义的思考是冷静的,也是非常尖锐的。

1934年到1940年,薇依开始从自己的亲身经历与感受出发思考她的时代问题:贫困、不平等、弱者所受的屈辱、专制权力与官僚制度对精神的摧残。为对世上的苦难有切实的体验,1935年她到阿尔斯通、雷诺等工厂像真正的工人那样从事重体力劳动。这段经历使薇依体味到自己就是受苦大众中的一个,而基督教就是受苦人的宗教。正是出于对卑贱者的爱,薇依趋向基督教。她感到必须超越政治才能真正得以自救。1937年春,薇依在阿西兹(Assise)第一次跪在十字架下,感受到了上帝的恩惠。1938年在索莱斯姆修道院,她听到基督经受尘世的痛苦直至喊出:"上帝,你为何遗弃我?"从此,宗教在薇依的思想中占据了最重要的地位,她意识到宗教的文字不论是做礼拜用的还是《圣经》中的记载,都是为着认识与表达人世间的不幸,这也是唯一能称得上美的文字。

1940年到1943年,这是薇依著述最多也最为重要的几年。薇依对以往的劳动、战斗、政治参与、社会活动的经历进行理论总结。在马赛、纽约，最后到伦敦，她写了一本又一本的笔记，内容涉及哲学、宗教、历史、政治……直至1943年因饥饿、重病死于伦敦郊区的修道院……

薇依在世时只发表过文章，其中大部分刊登在《南方手册》《社会评论》《自由言论》《无产阶级革命》等杂志上。薇依死后，她的大量未发表过的手稿被搜集整理成书：《重负与神恩》（1947）、《超自然认识》（1949）、《在期待之中》（1950）、《工人的生存条件》（1951）、《札记》（三卷本，1950—1956）、《古希腊之源》（1953）、《伦敦文稿和最后的信》（1957）、《历史和政治文稿》（1960）、《关于爱神的散乱思考》（1962）、《论科学》（1966）、《诗歌》（1968）等。薇依的《作品全集》已由伽利玛出版社于1997年勘校出齐，共分七集：1. 早年哲学文摘；2. 历史政治文稿；3. 诗歌、戏剧（未出）；4. 马赛文摘，其中收入了薇依有关哲学、宗教、科学及其与希腊、印度文明等关系的论述；5. 纽约、伦敦文稿；6. 笔记；7. 书信（未出）。历经十几年艰苦工作而编辑成功的全集结束了薇依法文版著作较为零乱、无序的状况，为了解、研究薇依的思想提供了可靠的根据。

二

薇依的基督信仰思想是从她深刻的人生与社会的体验中得出的。特别是战争对欧洲文明的摧残使她感到：欧洲人从1914年以来就受到"内病"的侵蚀。[①] 欧洲病的发生原因就是取消了宗教问题——人应该永远直面的善恶之选择的问题。多少年来，人们运用两种方法来解决这个矛盾：一种方法是宗教的方法，即否认善恶对立，以"一切都平等"的原则把人与作为"定向努力"的人的"本质本身"脱离开来，使人陷于烦乱。另一种方法是偶像崇拜，实际上是在对伪装成神明的社会现实的绝对崇拜的意义上讲的宗教方法。这种方法意在划定善与恶这两个对立面"无权进入"的围墙，使人产生这样的幻觉：可以在监护人的围墙之外免除任何伦理责任。这两种方法都使欧洲走向失败：前者使欧洲分崩离析，后者造成专制的恶果。

薇依探寻的是第三种方法：神秘主义。薇依的神秘主义"超出善与恶对立的范围之外，而这是通过灵魂和

[①] S. Weil：Celle guerre est une guerre de religions（《这场战争是一场宗教战争》），载 *Écrits de londres et dernières Lettres*，Paris，NRF，Gallimard，1957。

绝对的善的统一实现的"。① 薇依的神秘主义信仰的神秘合一的对象是耶稣基督的上帝。这是真实的爱的结合，灵魂在这之后"总是变成他者"。灵魂为了这种变化应该赞同上帝。薇依的神秘主义在基督信仰的神秘主义思想史上占有独特的地位。薇依始终坚持理智精神指引下的基督信仰，她把基督信仰与宗教信仰区别开来，也就是说基督精神不等同于基督宗教。虽然她一直拒绝受洗和参与圣事，置身于教会、基督团体之外，但她的实践和思考却证明她是一位真正意义上的基督徒。

薇依的唯基督论与泛基督论会合于她的基督信仰之中。她认信上帝，认为唯有基督的上帝才是真实的上帝。这种信仰的确立是经过较长时间的激烈甚至痛苦的思考。最初，薇依对上帝还只是感情上的认同，在理智上还有抵触："我仍有一半在拒绝，这不是我的爱，而是我的理智……一个人绝不会纯粹为了理智去虔心祈祷上帝。"② 理智的深厚根底和科学知识的较高素养使薇依怀疑超自然的存在。但是，她通过理智上的努力，找到了理智与上帝接触的点，这就是理智的注意力（allention）。感情与上帝的接触方式是祈祷，而理智与上帝接触的方式是注意力。这种注意力并不是要证明上帝，推论上帝是否

---

① S. Weil：Celle guerre est une guerre de religions（《这场战争是一场宗教战争》），载 *Écrits de londres et dernières Lettres*，Paris，NRF，Gallimard，1957。

② S. Weil：*Atttente de Dieu*（《在期待之中》），Paris，La Colombe，1950。

存在，而是把自身的注意力引向上帝，使心智趋向和接受上帝成为可能，而不能相遇的上帝永远在我的期待之中。薇依对上帝的这种感悟，令人想到法国伟大的犹太宗教哲学家勒维纳斯（E. Levinas，1906—1995）的"来到观念之中的上帝"（De Dieu qui vient à l'ídee）①，希伯来《圣经》证明的上帝意味着上帝的超越，把存在与神秘联系在一起的超越。上帝的在场与不在场、可见与不可见都无关紧要，重要的是超越者通过人神状态超越本质以期待"未被存在染指的上帝"。其实，柏拉图是最早为这种期待精神咏唱颂歌的人，他区分了两种真理，通过判断得出的真理、抽象的真理，即存在的表象；还有人通过静思、体验得出的真理。而静思是注意力活动的最终形式，具有神性本质，犹如马勒伯朗士（Malebranche）的祈祷形式，神恩对之予以回答。也就是说，被认识的对象和认识的主体，即爱与知之间的对立被超越了。身在不完美的尘世中的人只有在对完美存在的期待之中获得信仰的真谛。

三

德日进（Teilhard de Chardin）神甫在37岁时曾写过这样的话："我在很早——10岁以前——就注意到自身明

---

① E. Ievinas: *De Dieu qui vient à l'ídee*（《来到观念之中的上帝》），La Haye，Nijhoff，1974。

显存在着占主导地位的一种对绝对的爱。当然,那时我还没有把为这缠绕我的忧虑命名。但今天,我却可以毫不犹豫地承认这就是对'绝对'的爱。总之,从我的童年开始,想拥有某种绝对的需求就成为内心生活的轴心。在这个年龄应有的种种快乐中,我只对一种根本的快乐感到幸福,这快乐就在于拥有(或思考)某种更珍贵、更稀少、更坚固、更持久的东西。"这样的话真像是出自薇依之口。正如著名哲学家伊波利特(J. Hippolite, 1907—1968)所说:"如何能忘记她谈到斯宾诺莎的那些时刻?在对斯宾诺莎的探索中,有一种对上帝的陶醉,对基本的绝对的激情。"薇依确实天生怀有对绝对精神、神圣精神的执着之爱。以追求真理为目的的理智必须由爱指引。如若上帝即我们期待之中的真理,那唯有心灵才可触通。帕斯卡尔言之有理:真理根本不存在于无爱的人身上。她从乌托邦式的理想革命转向了爱的宗教:"爱上帝是各种信念的唯一源泉。"[①] 在深深体验了尘世的痛苦、经历了理智在心灵之中的撕裂之后,薇依从爱的生活走向爱的沉思,爱成为她沉思的中心。而薇依的爱的沉思与不幸的沉思是紧密相关的。

薇依认为,不幸是绝对的。人的存在的不幸是无法消除的。薇依尖锐地指出,任何社会形态——哪怕是最近完美的社会形态,都不能消除人的不幸,不幸不同于

---

① S. Weil: Dieu dans Platon (《柏拉图对话中的神》),载 *La Source grecque*, Paris, NRF. Gallimard, 1953。

不义，所以革命不能代替人的赎救，而只能掩盖不幸，忽略、看轻人的不幸，这也就是柏拉图所谓的猛兽式的社会性的残忍。而在薇依看来，基督教是受苦人的宗教，极度重视人的不幸，上帝本身就成了不幸，当人通过不幸爱上帝时，就是真正地爱上帝。不幸之于爱如神秘之于理智。"基督教的伟大源于它并不寻求某种超自然的药剂来治疗痛苦，而是超自然地利用痛苦。"① 薇依对基督教精神的体认极其深刻，她从基督受难、从基督所置身的悲惨不幸中看到了"赐福"的不幸。上帝在不幸与痛苦之中创造了爱，上帝与不幸的相遇就是与基督的相遇，上帝在人的不幸处境中遇到了活生生的、真实存在的基督。这也是薇依信仰的最可靠的理由。

薇依由此把握基督教最深的奥秘（虽然会有相当多的人难以接受）：爱与受难、不幸与爱是同一的，所以这爱是一种圣爱，但唯有为上帝之爱奉献出来的受难之心才有可能承纳这种爱。"爱是一种神圣的东西。若深入内心，就会将它撕裂。人心被创造出来就是供撕裂的。当它被其他东西撕裂时，就是最可悲的浪费。但它宁可被其他东西，而不是被神圣的爱撕裂。因为神圣的爱只撕裂自愿被撕裂的心。这种自愿是困难的。"② 这就是说，并非人人都能承受神圣之爱的重负，因为在不幸中创造

---

① S. Weil: *La Pesanteur et la Grace*（《重负与神恩》），Paris, Plon, 1947。

② S. Weil: *La Connaissance surnaturelle*（《超自然的认识》），Paris, NRF, Gallimard, 1949。

的上帝之爱是一种炽情之爱，它完全践行于矛盾、厄运、撕裂和把自己全部付出的苦行过程中。不幸就像一颗钉向灵魂深处的钉子。爱是灵魂追求的方向，当灵魂被钉子穿透，钉在宇宙中心时，它仍朝向上帝。这颗由神圣的爱创造的钉子穿过把灵魂与上帝隔开的屏障，使灵魂超越时空，来到上帝面前，到达创世和造物主相会之点，这点就是十字架的交叉点。[1] 还应指出的是，薇依对上帝之爱的理解是与生活实践紧密相连的。在薇依那里，基督精神的世俗性和神圣性神秘合一，上帝无处不在，是无限小的黑芥子、田野里的珍珠、面团里的面起子、食物中的盐……神圣进入我们的世俗世界。上帝通过不幸在道成肉身中把神圣置入世界，人不应该在世界之外寻求神圣，而应该在爱中走向世界。上帝之爱永远与人间的不幸、与不幸的人相依共存。没有人能否认这是一种至高的爱，这种爱的追求证明薇依具有真正的基督教信仰，信仰从本质上讲不是安慰，而是一种重负：上帝不在场造成不幸，应该爱这不在场的上帝。因为薇依认为上帝已化为不幸的爱和爱的不幸。正如刘小枫指出的：这种"无神论"表明信仰者是在一种极度疲惫的状态中走向超自然的神恩，它体现的是一种纯正的圣爱有神论，人与人之间的爱的有神论——真实的上帝已倾空自己而成为

---

[1] S. Weil: *Attente de Dieu*（《在期待之中》），Paris, La Colombe, 1950。

这种爱。① 谁能否认这种精神信仰——无神地信仰上帝——具有更虔诚更深刻的内涵呢？这种信仰意味着使信仰非形而上学化，并在世俗的存在中活出上帝的映像。信仰最终成为一种生活实践。因此，"人的注意力、信念和爱几乎全部都集中在上帝非人的方面，这样的人可能自称为无神论者，而实际上他们却是真正的信徒。还有比太阳更动人更准确地代表上帝的东西吗？酷爱太阳的人便不是偶像崇拜者"。② 薇依就是这样一个一心去拥抱信仰，肩担重负去实践信仰的基督徒。

四

薇依的信仰神秘思想体现了基督信仰神秘主义的共性，但也具有独特的个性，散发着浓厚的现代气息，对当代人颇有启迪。

薇依区分了基督精神和基督宗教、信仰和信教，相信人在有形教会之外凭借神秘信仰接受神示而获救。这种"无神论"很值得人沉思：问题不在于证明以往是否有过关于上帝的经验，也不在于考证上帝的存在与不存在，这些都是外在的形式问题。问题仅仅在于如何在不幸与爱的融合中与基督的上帝神秘合一，每个认同基督

---

① 参见刘小枫：《走向十字架上的真》，上海三联书店，1993。
② S. Weil: *La Connaissance surnaturelle*（《超自然的认识》），Paris, NRF, Gallimard, 1949.

之爱和真理的个体,都应在自己的生活实践中承担本书充分论述的爱的重负,在受难的心灵中接受无限的神恩。在具有崇尚形式、轻视信仰而又善待伪神偶像传统的无神地域,薇依用自己的生与死、血与肉铸成的信仰应该是一声振聋发聩的呼喊。

薇依以基督论为支点,提倡"诸说混合",极高的文化修养和丰富的自然、社会科学知识,使她坚持她所理解的大公信仰的意义。她认为包含真理的思想存在于不同的宗教经典、文学与科学著作中,真理遵循不同的途径显示在人们的精神中。比如希腊几何学和诗歌、中国的道教、埃及的俄赛里斯教、印度佛经等,都融合了天主教所包含的真理。在印度、希腊、中国,历来就有实践沉思的传统,与基督教神秘主义者的沉思相似,是超自然的。而柏拉图与受难的圣约翰之间有一种特别重要的关系。印度的《奥义书》和受难的圣约翰之间也存在着同样的关系。中国的道家也很接近于基督教的神秘主义。这些思考从历史与信仰的神学意义的深层次上启示偏重秘修或灵魂、忽视信仰真理本质的文化传统,对坚持排除"异端"和狭隘信仰的倾向也是一种善意的批评。

只有在帕斯卡尔和薇依这样很少的神秘主义者的论著中,人们才能感受到一种不是通过呼喊与冲动,而是通过源于自然的、与另一种实在相关的祈祷。应该说,薇依在这动荡不安的躁动人群中达到了这另一种实在,并且超越了摧毁人类至高价值的各种虚无主义和唯物主义。马多勒（J. Madaule）说："能够改变一种生活的书是很少的。薇依的书就属于这类。在读了她的书之后，读者很难还保持读前的状况……"相信任何人——无论是赞同还是反对她的思想的人——都不会对这本《重负与神恩》无动于衷。

杜小真

法文版编者序言

把薇依这部非凡之作公之于世，我深感痛苦。至此为止，我一直仅同几位友人分享着认识她本人和她的思想的快乐，而今天，一种披露家庭秘密的苦涩油然而生。唯一使我得以自慰的是：这种公开造成的对神明无法避免的亵渎，会使她的见证遇到某些知音。

对于我来说，更为艰难的是，为了"引介"这部作品，我不得不附带谈到我自己。关于我自己的隐私（secretum meum mi–hi）：那么多的当代作家丧失廉耻，热衷自传和忏悔，习惯于把读者引入已荡然无存的内心机密的最后角落，这始终令我震惊不已。可是，即使为了说明我本人的名字出现在本书之首的原因，我也应把使我认识真正的薇依这个人的特殊境遇作个交代，正是这种特殊的境遇使我今天有此荣幸向世人介绍薇依的思想。

1941年6月，我收到当时住在马赛的一位多明我会的友人贝林（R. P. Perrin）神甫的来信，这封信我没有留存，内容大体如下："我在此结识了一位犹太姑娘，她获得中学、大学哲学教师资格，并且是一名极左派的活动分子，她被最近公布的法令开除出了学校，她想当一名女雇工，在乡下干一些活儿。我认为，这样体验生活得有人照管，您若能接待这位姑娘，我将很高兴。"对这封来信，我的确有所顾虑。多亏上帝，我毫无先天的反犹倾向，然而，我从实际经验中了解的犹太人气质的优缺点同我本人的气质并不相合，尤其与共同生活的要求不相合。我的基本反应与一名极左派的活动分子也极不相同。再者，我对一位获得中学、大学哲学教师资格的人颇有戒心。至于那些难以回到现实生活中来的知识分子，我对他们相当了解（只有个别除外），他们属于充满幻想的一类人，一般来说，他们的所作所为结果都很糟糕。因此，我最初的反应是持否定态度。但我又不愿拒绝朋友的请求，不愿拒绝命运在我的生活道路上安排的灵魂，又由于当时对知识分子的迫害已经开始，犹太人头上的阴云已经弥漫，由此产生的同情，特别是某种好奇，使我改变了初衷。

几天后薇依来到我家。最初的交谈诚恳但很艰难。我们实际上毫无一致看法。她谈起来没完没了，语气坚定但很生硬。这种漫无边际的交谈使我精疲力竭。为应付她，我需保持耐心和礼貌。由于共同生活的这种特殊条件，我渐渐发现，她性格中那令人难以接受的方面并不是她深刻本质的表现，而只是极少地体现了她的外在的和社会的自我。在她身上，存在和显现的位置互相颠倒了：与大多数人相反，在亲近的氛围中，她给人的感觉要好得多。她身上有一种可怕的自发性，使她性格中不讨人喜欢的一面外在化，而要体现出自身更好的东西则需要花费时间，需要情感和克制羞怯。当时，她正向基督教敞开心扉，通身散发着神秘主义的气味：我从未见过有人像她那样熟悉宗教神秘主义。"超自然"一词从来没有像在与她的交谈中那样富有现实感。

这样的神秘主义同那些并不表示个人态度的宗教思辨——这往往是关注宗教的知识分子的唯一表现——毫无相同之处。她了解，她经历着"知"和"以全部心灵去知"之间令人绝望的距离，她的生命除了消除这段间距之外别无他求。我目睹了她生活的每时每日，以至于不可能对她精神天职的这种真实性存有任何怀疑：她的信念、她的自我超越体现在她的一切行为之中，虽然有时脱离实际，令人不知所措，但始终是绝对地慷慨大度。在我们这残缺不全的时代，薇依的苦行主义可能使人觉得太过分，用布洛瓦（Leon Bloy）的话说，"基督徒们有节制地趋向殉教"（事实上，中世纪某些圣人怪癖的悔罪在今天又会引起何种轰动？）；她感情上的激昂并不因此不纯洁，而且，在她的苦修与内心生活之间并无任何差距。薇依觉得我的住宅过于舒适，要搬到罗纳河畔我岳父母的那座已近荒废的老房子里。她每天都来干活，愿意时就在家里用餐。尽管她身体虚弱而且有病（她一直忍受着剧烈头痛的煎熬，还有，几年前染上的胸膜炎对她身体伤害很严重），依然以顽强的毅力干农活，在道旁的树丛中采些桑葚就当一顿饭。她每月把自己的食品配给票的一半寄给政治犯。至于精神财富,她更是慷慨大方。每天傍晚工作结束后,她给我讲柏拉图的重要篇章(我从不曾有时间好好学希腊文),她的施教天赋使她的讲课如同创造一样生动。她还怀着同样的热忱和爱心教村里的一个孩子学算术。有时,这种开发智力的渴望会造成可笑的误会。一种崇高的平等思想使她把自己的水准当做普遍适用的参照点,她认为很少有人不能适应她的最高深的教学。我记得,洛林地区有一位青年工人,她认为他身上有某种悟性,便向他大量灌输《奥义书》①的精彩篇章。这可怜的年轻人厌烦之极,但出于礼貌和不好意思没有表现出来。

在熟人之间,薇依是位可爱的、饶有风趣的伙伴:她开玩笑但毫无低级情趣,说讽刺话但无恶意。薇依的知识渊博并且能够融会贯通,几乎难以把她的内心世界同外在表现区分开来,这使她的谈吐具有一种令人难忘的吸引力。可是,她有一个严重的缺点(或是一种少见的品格,这取决于看问题的角度):对社会生活中必不可少的俗套决不让步。她总是向众人谈自己的想法,而且不管在什么场合都如此。这种诚恳首先出于对心灵的深刻尊重,却使她多次遭到麻烦,其中多数很有趣,但有些差一点酿成悲剧。在那个时代,并非所有的真理都可

---

① Upanishads(《奥义书》):婆罗门教的古老哲学经典之一,在印度后来发展的各种哲学中都能寻出痕迹,对西方近代某些哲学家也有一定影响。——译注。以下除特别标明外,均为译注。

以公开宣称。

在此，谈不上对她思想的历史渊源和她可能受到的影响作总结。她除了时时沉浸在福音书中，还对印度教和道教的重要经典作品，对荷马、希腊悲剧，尤其对柏拉图的作品怀着深刻的敬意，她完全从基督教的角度阐述柏拉图。她讨厌亚里士多德，认为他是伟大神秘主义传统的第一个掘墓人。宗教界的圣约翰，文学方面的莎士比亚，某些英国神秘主义诗人和拉辛也都影响了她的思想。在当代作家中，我只知有瓦莱里（Paul Valery）和葛斯特莱①的《西班牙遗嘱》（Testament es-pagnol），她曾同我谈到这本书，赞美之情溢于言表。薇依的爱好和排斥都是断然无法改变的。她坚信，真正天才的创作要求高度的灵性，若不经过内心严格的净化，就无法做到完美的表达。出于对内心纯净和真实性的关注，她对那些哪怕有一点点刻意追求效果，有一丝不真诚或浮夸的作者们毫不留情：高乃依（Corneille）、雨果（Hugo）、尼采。她认为唯有朴实无华的文笔、心灵的赤裸体现才是有价值的。她写信对我说："表达的用心不仅仅在形式上，而且在思想和整个内心世界上。只要尚未做到不加修饰的表达，也就触及不到思想，甚至接近不了真正的伟大……真正的写作方式是像翻译那样写作。翻译一篇

---

① 葛斯特莱（Koestler）：生于1905年，原籍匈牙利，后入英国籍。《西班牙遗嘱》写于1938年．描述的是他在西班牙革命中受监禁和被判死刑的经历。

外文文章时,不会设法从中增添些什么;相反,会虔诚地小心翼翼注意什么也不增加。因此,应当努力翻译非书面的文章。"

在我的农场度过几周之后,薇依觉得自己受到过分的照顾,决定去另一个农场干活,以便作为一个无名者生活在一群不相识的人中间,分担真正农业工人的甘苦。我设法在邻村一个大庄园主那里替她找到一份收割葡萄的工作。一个来月中,她顽强地在那里坚持劳动,尽管她体弱,没有劳动习惯,仍拒绝比她身边那些强壮的农民干得时间短些。她头痛厉害,有时觉得像在噩梦中干活。她对我坦白说:"一天,我问自己是否已死去,不知不觉入了地狱,我问自己,地狱中是否也要没完没了地收葡萄……"

经过这段生活之后,薇依回到马赛,她父母在巴黎沦陷之后来到马赛暂居。我曾去她在卡塔卢尼亚街的住处看过她几次,从她的房里可以遥望无际的蔚蓝的大海。在此期间,她父母正准备动身去美国。对不幸的祖国的依恋、渴望分担受尽压迫的亲友的苦难使薇依犹豫再三。最终,她还是决定同行,希望借道美国去俄国或英国能更方便一些。1942 年 5 月初,我最后一次见到薇依。她在火车站交给我满满一书包的手稿,请求我读一读并在她流亡期间代为保管。分手时,我开玩笑以掩饰内心的激动,对她说:"再见了,在此世或在彼世!"她神情一下子变得严肃起来,对我说:"在彼世,不会再见。"她的意思是,构成我们的"经验的我"的界限,在永生的世界里取消了。我目送薇依在街上慢慢远去。后来我们没有再见面:时世中的永恒接触总是极其短暂的。

回到家里,我浏览了薇依的手稿:十几本大练习簿,逐日记录着她的思想,夹杂着各种语言的摘录,以及纯属个人的评注。在此之前,我只是在《南方笔记》(Cahiers du Sud)见过她用改变字母位置生造的笔名艾弥尔·诺维[①]发表的几首诗和研究荷马的文章。读者在本书中见到的文字均摘自她的这些笔记。我曾有机会再次给薇依写信,告诉她这些笔记让我多么激动。她从奥兰给我写了下面这封信,虽属私人信件,我仍全文照引,因为这封信可以解释和说明出版本书的原因:

> 亲爱的朋友,现在似乎真的到了该说"别了"的时候。经常能得到您的消息,这并非易事。希望苍天会垂怜圣马赛尔(Saint-Marcel)这相爱和睦的三口之家。这太珍贵了。人的生命是脆弱的,易遭伤害。我要珍爱这生命,而又不能不为之担忧。我从未真正承认:我之外的所有人没有完全免遭不幸的一切可能性。这正是对上帝意志服从的严重失职的行为。
>
> 您说,除了您曾经思考过的问题之外,您还在

[①] 原文为 Emile Novis,这笔名是由改变了 Simone Weil 的字母位置而成。

我的笔记中发现了您不曾想过的其他问题，而这正是您所期待的东西。那么它们便属于您了，我希望经过您的一番加工，它们有一天会在您的作品中脱颖而出。因为，对于一种思想来说，把它的命运同您的命运结合起来要比同我的命运相结合好得多。我感到，在尘世间，我的命运不会好（这并不是说我认为在别处会更好，我不信）。我并不是那种认为把自己与命运联结起来会有好处的人。人对自己的命运或多或少有些预感；但是，我不知道由于何种奥秘，我的思绪似乎不太清楚。对于我头脑中涌现的想法，我别无他求，只希望有良好的依托。我很高兴这些想法寄于您的笔下，经改观以反映您的形象。这会减轻一点我的责任感，以及我思想上的压力，即由于我自身的种种污点，无法为在我面前显现的真理服务，而我似乎觉得真理有时出于意想不到的极度的仁慈屈尊注意到我。我想，您会以我对您诉说时的那种简洁来对待这一切。对于热爱真理的人来说，在写作过程中，握笔的手和同它不可分割的身心以及它们的全部社会外表一样是无足轻重、微不足道的事情。至少相对于写作行为来说，这是我——对于我本人，也是对您本人，对任何一个我敬重的作家——衡量其重要性的尺度。我多少有些轻视的那些作家的为人，只在这个领域中对我有价值。

关于这些笔记，我不知道是否曾对您说过，您可以任意把其中的段落念给任何人听，只不过不要把任何一本留给别人……倘若在三至四年之间，您听不到我的消息，您可以认为，这些笔记就完全属于您了。

我向您说这一切，是为了在离去时精神上轻快一些。我感到遗憾的仅仅是无法把我所思考但不曾发挥的东西告诉您。好在我思考的东西或许并无价值，或许在我身外，以完美的形式存在于某个纯洁之处，在那里不会受到任何伤害，因此可以随时重新降临我身。于是，同我相关的一切便不会有任何重要性了。

我还希望，在分别引起的轻微波动之后，不管我会发生何事，您不必感到任何不安，倘若您偶尔想到我，那就像想起童年时曾读过的一本书。我愿意在自己所爱的人心中永不占任何位置，以确信不给他们带来任何痛苦。

我永不会忘记您慷慨地对我说的和写的一切，这些话即使不可置信——就像我这种情况，也仍能温暖人心，不失为一种支持。也许太多了一点。我不知道我们是否还能长时间地互通信息，但应当认为这并不重要……

如果我是圣人，那我本来就能接受这封信中提出的建议。要是我是个卑劣小人，也会接受这个建议。因为在第一种情况中，我的那个"我"并不作数，而在第二种情况中，我的那个"我"是独一无二的。由于我既非前者也非后者，这问题便提不出来了。

薇依还从卡萨布兰卡（Casablanca）给我来过信，后来从纽约给我寄来最后一封信。德国人占领自由区之后，我们的通信就中断了。1944年11月，我正等待她回法国时，从友人那里获悉，她一年前已在伦敦去世。

薇依太纯洁了，没什么隐私可言；她谈论自己同谈论其他事情一样简朴。若根据回忆和我们的交谈，我很容易为她描绘一幅表面酷似的肖像，这幅画像的独特性将会使热衷于搜寻生活琐事和趣闻的人感兴趣。但我太热爱她了，我不可能这么做，一位兄长不可能像一个同行作家那样谈论姐妹。此外，给具有特殊风味的精神食粮添油加醋，也会适得其反。因此，我将仅限于勾勒她在我们见面前后那段生活的主要轮廓。

薇依1909年生于巴黎，曾是阿兰①的学生，年纪很小就考入高等师范学校，并出色地通过了大学及中学哲学教师资格的考试。然后她在多所中学任教，并很早就参与政治活动。不用说，她的革命信念——她公开表白，毫不顾忌职业和世俗的礼仪——使她遇到某些行政上的

---

① 阿兰（E. A. Chartier dit Alain, 1868—1951）：法国哲学家。

麻烦事，对此，她持一种超然的轻蔑态度。检察官威胁她，说要处分她直至解职，她微笑道："检察官先生，我一直把解职视为我的职业生涯正常的完美结局。"薇依参加极左派的斗争，但从未加入任何政治组织，仅限于维护弱者和受压迫者，无论他们的政见或种族如何。为彻底同贫苦人共命运，她告公假到雷诺汽车厂工作。在工厂里，她没有向任何人披露自己的身份，干了一年铣床工。她在工人区租了一间房，靠自己劳动的菲薄收入生活。这次生活体验因她患胸膜炎而中断。西班牙内战期间，她参与人民阵线，但她决不拿枪，与其说是一名战斗者，不如说是一名鼓动员。一次偶然发生的事故（她不小心把脚烫伤）使她返回法国。在这种不幸事件中以及在她一生中，她深情依恋的父母深受其英雄主义的狂热行为折磨，对她关怀备至，这些关怀无疑延缓了这个任何不纯都无法挽留在尘世的生命的结束。"卡拉马佐夫们[①]从他们卑劣的本性中汲取的力量"，即使人依恋的力量，在薇依身上决然没有……

在忆及薇依对1940年至1944年造成法国人深刻分裂的重大事件所持的态度之前，我要指出，对她的书简的永恒和超越的内容从政治时事和同党派纠纷有关的意义上解释，是对怀念她的亵渎。任何一种政治派别，任何一种社会意识形态，都无权仰仗她的声名。她对民众的

---

① 指陀思妥耶夫斯基的作品《卡拉马佐夫兄弟》中的主角。

爱，对一切压迫的憎恨，都不足以把她归为左派；她对进步的否定和对传统的崇拜同样不能把她列为右派。她把对世间事情的激情投入到政治活动中，然而，她并不把某种意识、民族、阶级作为偶像。她懂得，社会是相对物和恶最适合的领域（她写道：观察社会是同从社会中隐退一样有效的净化方式，因此，我长时间地同政治打交道并没有错）。她也知道，在这方面，超自然的心灵的职责并不在于狂热地拥戴党派，而是站在被压迫者和失败者一边，始终努力重建平衡。正因如此，她尽管厌恶共产主义，仍渴望去俄国。当时俄国正在德国铁蹄下流血。在薇依的政治和社会活动观念中，抗衡的概念是基本的："若已知社会在何处失衡，就应尽己所能，在天秤轻的一端加上砝码。虽然这砝码是恶，但是将它用于这方面，人们也许不会玷污自己。然而，应当对平衡有所设想，随时准备着像正义——战胜者营垒的潜逃者——那样，改变自己的位置。"

这样的精神状况使薇依自停战起就倾向于今天人们笼统称之为抵抗运动的一边，尽管这运动的缘由和目的各不相同。在她动身赴美之前，曾同法国警察当局有过纠纷，倘若盖世太保大搜捕时薇依仍留在法国，她的命运就可想而知了。薇依一到美国，就想办法加入抵抗组织。1942年11月，她动身去伦敦，在舒曼（M. Maurice Schumann）领导的部门工作了一个时期。她坚持要求把她派往法国执行任务，由于她的种族太易辨认，因此他们无法满足她的要求。不能亲身经历法国人遭受的险恶，她便要分担他们的苦难，严格自律，只消耗在法国按配给票证给予的食物数量。这很快使她本来就不好的身体垮了下去。她忍受着饥饿和肺病的煎熬，终于住进医院。在医院里，她为受到某些特殊待遇而深感痛苦。她在我家时，我已经察觉到她性格的这种特征：她对身处某种特权地位感到厌恶，不顾一切地摆脱使她超过一般水平以上的照顾。只有当身处社会底层，同贫苦的、一无所有的民众打成一片时，她才感到自在。她被送到乡下。重见大自然使她心情愉快，但之后不久她就去世了。薇依最后的情况，我并不知其详。她曾经说过："弥留，是至高无上的茫茫黑夜，即使完美无缺者也需要它，以实现绝对的纯洁，为此，我宁愿它是苦涩的。"我个人认为，她的一生历尽艰辛，神恩足以让她平静地离开人间。

薇依的文字属于异常伟大的作品之列，评价这类作品只会削弱它们的价值，歪曲其本意。我介绍这些文字的唯一资格是：我同作者的友谊和我们在一起长时间的谈话为我扫平了理解她的思想的路障，使我更易于对一些过于晦涩或表述不明的提法作准确的阐明，并将它们置于有机的整体之中。确实，不应忘记，这里说的是如同帕斯卡尔的作品那样日复一日，有时颇为仓促地累积而成的石块，为的是构建更为完整的结构，只可惜最终未能实现！

这些文字不饰雕琢，异常简洁，①正如它们所体现的内在经验。在生活和言语之间没有任何添加之物，心灵、思想和表达织成天衣无缝的整体。即使我本人并不曾结识薇依，她的文笔也足以使我确信她的见证的真实性。在她的思想中，首先使人震惊的是这些思想实际应用的多种价值；它们的简洁使所涉及的一切都变得简单明了；这些思想把我们带到了存在的巅峰，从那里，一眼可以尽览无数层层相叠的远景。她曾说："应包容各种观点，但必须将它们垂直地组建起来，把它们安置在合适的层次上。""所有一切现实的、足以包含重叠阐释的东西，都是纯真的或善的。"这种伟大而纯洁的标记在她作品中比比皆是。

譬如，下面这种思想解决了莱布尼茨（Leibniz）所不曾解决的乐观主义和悲观主义无休止的争论：

> 在造物和上帝之间存在着各种距离。有一种距离使上帝之爱成为不可能的：材料、植物、动物。恶在那里登峰造极，终于自毁；恶不复存在：圣洁的反照。我们处在爱恰恰可能之处。这是一种重大的特权，因为使人聚合的爱是同距离成正比的。上帝创造了世界，这世界虽不是尽善尽美，但它包含着各种程度的善与恶。我们正处在最坏可能的极点，

---

① 这就解释了某些重复或文笔上的疏忽，而在其整体上，我审慎地尊重原貌。——原注

因为超过这限度，恶就成为纯洁。

还有另一种思想，它对恶这个问题的阐明深入到了神爱的奥秘中："所有被造之物对于我来说并不是目的。上帝对我的巨大仁慈正是这样。这本身就是恶。恶是上帝的仁慈在尘世中具有的形式。"对于叔本华或萨特这样一些思想家，他们对世上存在恶的事实得出根深蒂固的悲观主义结论，薇依对此断然驳斥："说尘世毫无价值，说生命毫无意义，并以恶是荒谬的作为证明。可是，若说这些毫无价值，那么，恶又剥夺了什么呢？"

还有，高一级的插入低一级的法则是这样说的："超越另一个的任何领域，只有以极微小的形式才可能位于另一个领域之中。"这种提法完善并深化了帕斯卡尔的三种领域的法则。有生命的世界作为无限小的东西出现在物质世界中：同我们的地球相比，同宇宙相比，生命之物意味着什么？精神的领域同生命的世界相比也一样：地球上至少有50万种有生命的物种，其中只有一种具有"il ben dell intelletto"（智慧的财富）。至于神恩的领域，在我们的思维和世俗的感情中也是微不足道的：芥菜种子[①]的福音形象足以表明这种"纯洁的善无比小的特点"。

薇依的全部作品沉浸并承受着净化内心的强烈渴望，

[①] 耶稣以"一粒芥菜种"比喻天国，说："天国好像一粒芥菜种，有人拿去种在田里，这原是百种里最小的，等到长起来，却比各样的菜都大，且成了树，天上的飞鸟来宿在它的枝上。"（《马太福音》第13章第31－32节）

这种渴望一直反映到她的形而上学和神学中。她以全部身心追求纯洁和绝对的善，而人世间没有任何东西可以证明这种善的存在，但她却感到这种善比她身上和周围的一切更为实在，因此，她要把对这完美存在的信念建立在任何命运或不幸的打击、任何物质或精神的动荡都无法动摇的基础上。为此，首先要消除内心中一切幻想和图报答的形式（富有想像力的虔诚，宗教的"安慰"，对于我之不朽的未净化的信念，等等）。这些东西往往假借上帝之名，实际上只是我们虚弱或傲慢的藏身处："必须注视所谓无限的层次。若把无限置于唯有有限才合适的层次上，那么把它称做什么都无所谓。"

创世通过它的美与和谐反映着上帝，但是，寓于其中的恶和死亡，以及主宰着现世的难以感知的必然性，也表明了上帝的不在场。我们出自上帝，这意思是说我们身上有上帝的印记，这也是说我们同上帝分离了。存在一词的词源（exister，意为：被置于外）在这方面极能说明问题：我们存在着，我们并不在。上帝即存在，自我隐没以便我们能存在；上帝拒不成为一切，以便我们成为在者；为我们，上帝剥夺了自己的必然性，即同善相融的那种必然性，以让位于另一种同善不相干、对善无动于衷的必然性。尘世——上帝通过自己的创世行为从尘世中退身——的中心法则是重负的法则，这法则出现在存在的类似层次中。重负是真正的"神退身"的力量。上帝的退身促使每个造物寻求能保持自己或使自己增长的东西，用修昔底德①的话来说，使造物发挥自己所能的全部力量。从心理上讲，重负通过各种肯定或恢复自我的动机，通过各种不公开的狡诈手段（内心的谎言，借助梦幻和非真实的理想来逃避，在想像中占有过去和未来，等等）来表现自己，而我们利用这些手段从内部加固自己已经动摇的存在，即保持外在并与上帝对立。

薇依对灵魂得救是这样说的："怎么能躲避我们身上类似重负的东西？"只有依靠上帝的恩典。上帝穿越茫茫无际的时空来到我们身边；他的恩泽丝毫改变不了主导着尘世的必然和偶然的盲目游戏：他的恩泽进入我们的灵魂，如同渗透地质层的水滴，并不能改变地层构造。神恩在那里默默期待着，期待我们会甘愿重新成为上帝。重负是创世的法则，神恩的作用在于将我们"拆毁"。上帝出于爱自愿地不再成为什么，以使我们成为某种东西；我们则应当出于爱自愿一无所是，以使上帝重新成为一切。因此，问题是在我们身上铲除自我，"这个由罪过和谬误造成的阴影，它阻挡着上帝的光明，而我们却把它误当成实在之物"。除了这种完全的屈辱，除了甘愿一无所是，一切形式的英雄主义和自我牺牲仍服从于重负和谎言："人们只能奉献自我。不然的话，被称作祭品的一切便只是插在自我身上的一个标签而已。"

为消灭自我，必须赤裸无遮地暴露自己，对生活中

---

① 修昔底德（Thucydide，约公元前471—前400）：古希腊著名史学家。

的一切伤害不设防,接受虚空、不平衡,永不寻求对不幸的补偿,尤其是自己不再凭空想像,"想像会堵塞神恩可以通过的空隙"。一切罪恶都是逃避虚空的企图。还必须抛弃过去和未来,因为自我只是围绕着摇摇欲坠的现在,对过去和未来的具体化而已。回忆和希望在为幻想中的升华(我曾是,我将是……)打开无限的范围的同时,消除了不幸的拯救效应,然而,对现时的忠诚确实使人变得一无所是,并由此为人打开了永恒的大门。

应当通过爱从内部铲除自我。但是,也可以通过极度的痛苦和卑劣来铲除自我。流浪汉和娼妓并不比圣人更富有自尊,他们的一生仅限于现时。这正是卑劣的悲剧:造成其无可挽救特性的,并非因为卑劣所毁掉的自我是珍贵的——因为这个自我是为被毁灭而生的,而是因为卑劣阻止上帝亲自来摧毁它,它使不朽的爱失去对象。

薇依严格区分超自然的奉献和人类形形色色的伟大及英雄主义。上帝在此世是最软弱、最贫乏的存在;他的爱,如同各种偶像的爱一样,充实不了心灵的肉体部分;为来到上帝身边,应该毫无所求地承受苦难,拒绝激情和自傲的一切迷醉,因为这样的迷醉掩饰了死亡的可怕奥秘,并且仅受《圣经》中所说的"微息"(petit souffle)的指引,肉体和自我是察觉不到的。"像圣彼得那样,对上帝说:我将永远忠于你,已是背弃了这种忠诚,因为这意味着忠诚之源在自身而不是在神恩中。由于他是上帝的选民,这背弃对他和所有的人就成为神的启示。这样的夸口出现在不少其他人身上——而他们永不明白。"为强大的东西去死是容易的,因为参与武力会使人陶醉、麻木。为弱小的东西去死则是超自然的:成千上万的人为拿破仑英勇献身,而临终的基督却被他的门徒抛弃(后来殉道者做出的牺牲更容易些,因为他们得到教会的社会势力支持)。"超自然的爱同力没有任何关系,也不能保护灵魂对付力的冷酷,铁的冷酷。只有对尘世的眷恋——若它包含着足够的力量——才能对付铁的冷酷。护身盔甲是金属制的,正像利刃剑一样。若渴望一种保护灵魂不受伤害的爱,就应该爱异于上帝的东西。"

英雄身着盔甲,圣人是赤裸的。然而,盔甲在保护人体不受攻击的同时,也阻挡了同现实的直接接触,尤其是阻挡人进入第三维,即进入超自然的爱。为使事物真正地为我们而存在,就必须使其进入我们的身心。由此产生必然的赤裸:若盔甲既保护我们不受伤害,又防止伤害的深化,那么任何东西便无法进入我们的身心。这正是一条严格的法则:人们减轻自身的苦难,尤其因为在自身中消除同现实的密切而直接的沟通,整个生活最终在浮面上展现:人并不比在梦中更加痛苦,因为重新被拉至二维的生存变得像梦幻一样平坦。慰藉、幻想、夸夸其谈以及我们试图填补现实的伤害在我们身上造成的虚空而做出的一切希求报答的反应,全都一样。一切虚空，一切空无都意味着第三维的在场；我们不回到浮面，而填补虚空就等于避免孤立栖身于浮面。古物理学的格言说："自然惧怕虚空。"这话用在心理学上很贴切。但是神恩却正需要这种虚空，以进入我们之中。

这"拆毁"的过程正是灵魂得救的唯一途径，是神恩的作品，而非意念的产物。人是不可能揪住头发飞上天的。想像只有对卑下的事业才有用：它保证天生本性得以准确地贯彻，而这种天生本性是神恩体现的先决需要，正像农夫的劳作是播种的先决需要。但上帝的萌芽源于别处……与柏拉图和马勒布朗士一样，薇依对聚精会神远比对想像更为重视。"应对善和恶保持无动于衷，确确实实地无动于衷，即对这两者都聚精会神地关注。于是，善就会通过自动的现象取胜。"要创造的，正是这种高层次的自动；取得这种自动，不是通过紧缩自我和"做出超过自己能力范围的事"来行善（以低下的精神状态完成高尚行为最可耻），而是通过隐没和爱达到完全顺从神恩的境地，善便会从中自发地发挥出来。"行为是天秤的指针。不应触动指针，而应触动砝码。"不幸的是，弄乱指针比改动"宙斯金天秤"中的砝码更容易。

宗教的全神贯注使我们超越"对立面的迷途"和善与恶之间的选择。"选择，低层次的概念。"只要当我在做和不做坏事之间徘徊（例如，占有或不占有这个自荐上门的女人，背叛或不背叛这位朋友），即使我选择了善，也难以置身于我所厌恶的恶之上。为使我的"善"

行真正地纯洁无瑕，我必须控制住这种卑贱的动摇，我在外部完成的善行应是我内在必然性的准确体现。在这方面，神圣类似卑贱①：正像一个卑鄙的家伙受情欲驱使时会毫不犹豫地占有女人，或是在利欲熏心时背叛友人，同样，圣人要保持纯洁和忠诚也是无可选择的；他别无他法；他的善行就像蜜蜂迎着花朵飞去。人们选择善并把它同恶置于天秤之上，这种善只有极少的社会价值；在明察秋毫的神秘者眼中，善行同恶行具有相同的动机，同样粗俗。由此产生了在某些"德行"形式和相关联的罪过之间常可见到的亲缘关系：偷盗和资产者看重产权，淫妇和"良家女子"，节俭和铺张等等。真正的善并不同恶对立（要直接同某物对立，必须属于同样层次）：善超越恶并胜于恶。"恶侵犯的并不是善，因为善是不可侵犯的；只有蜕化的善才会受侵犯。"

致力追求纯善的人，在尘世间会遇到不可调解的矛盾。矛盾是现实的尺度。"我们的生活就是不可能性和荒谬性的组合。我们所欲求的每件事情都同与此相关的条件和后果相矛盾。因为我们自身就是矛盾，既是造物，又是上帝，又远非上帝。"譬如，无节制地生育，您就会促进人口猛增和战争（在这方面，日本的例子就很典型）；改善百姓的物质条件，您就得冒腐蚀灵魂的危险；

---

① 这是赫尔墨斯（Hermès）的公式：最高相似于最低——存在的中心法则，薇依在作品中无数次地运用了这法则。因此，圣人的非暴力从外表来看就等同于怯懦，大智若愚，神恩的运动复制出动物本能的必然性（面对你，我变成了牲口……），超脱相似于无动于衷，等等。——原注

全心全意效忠于某人,您对于他就不再存在,等等。唯有臆想的善不包含矛盾——少女渴望子孙满堂,社会改革家想像百姓的福乐,等等。只要他们未投身于行动,就不会遇到任何障碍:他们驰骋在纯洁的但却是臆造的善中;撞击到暗礁是苏醒的信号。这种矛盾——人的贫贱和伟大的标记,我们应当接受它的全部苦涩。正是通过人所经历并深受其苦的这个善与恶互相混杂的世界的荒谬,人才实现纯粹的善,而这善的王国并不在尘世中。"始终专心致志地追求纯洁的和不可能的善,不用任何谎言,也不用纯洁的善的诱惑和不可能性来掩饰自己,在这种情况下行善是纯洁的。"不是通过默想(即对设想为神甫一般的上帝的信念,对科学,对进步的信念……)来填补必然和善之间的深渊,而是应当如实地接受矛盾的这两个分支,任凭它们之间的距离把自己撕得四分五裂。正是在这种撕裂之中——它就像把上帝撕裂的创世行为在人身上的反映——我们重新找到必然和善的渊源之本:"尘世,由于没有上帝,便是上帝本身。必然,由于决然不同于善,便是善本身。所以,对不幸的任何安抚都使爱与真理远离。这就是神秘中的神秘。接触到它,就可以安全可靠。"因此,拒不接受生活的模糊的人便注定受苦受难。从安提戈涅[①]——古城的守卫要她去热爱亡

---

① 安提戈涅(Antigone):希腊神话中底比斯王俄狄浦斯之女。因违抗新国王克瑞翁之命,埋葬阵亡之兄而被拘禁在墓穴里。克瑞翁的儿子海蒙和她相爱,赶来营救,发现她已自缢身亡。

者——直至薇依本人，人间的不义将她埋葬，不幸就是所有追求绝对而误入相对歧途者的注定的命运："若仅仅渴望善，就会与把善与恶联结起来，就像被光照的东西同影子相连一样的法则相对立，既然同世上普遍法则相对立，就不可避免地陷入不幸。"只要灵魂没有完全净空自身，对纯洁的善的渴望就会造成赎罪的苦难；在完全纯真的灵魂中，对纯洁的善的渴望就会产生救世的苦难："成为纯真，即要承受整个世界的重担，就要抛弃抗衡的力量。"因此纯洁并不消除苦难；相反，纯洁无穷尽地挖掘苦难，并给苦难以永恒的意义："基督教的无比伟大之处源于它并不寻求超自然的良药来拯救苦难，而是寻求苦难的超自然功能。"

苦难的这种神秘"摧毁"人，并把人交还给上帝，它的核心在道成肉身的奥秘中。若上帝并不曾化身成人，正在死亡的受难之人在某种意义上比上帝更加伟大。然而，上帝成人并在十字架上死去。"上帝抛弃了上帝。上帝倾空了自己：这个词既包含创世也包含经受苦难的肉身化……上帝让我们知道我们不存在，上帝自己成为非存在。"换言之，上帝使自己成为被造物，以教会我们在自身中拆毁被造物，而上帝使自身同自身分离的那种爱的行为，把我们带回到他身边。薇依正是在最贫贱最悲惨的人类条件的假定中看到耶稣基督所起的中介功能的本质：符号、神迹构成了基督使命中近于低下的人的部分；超自然的部分是：弥留、血汗、十字架受难和对沉默不语的上天发出的徒劳呼喊。救世主说:"我的上帝,你为何离弃我?"这句话概括了被抛弃在时间和罪恶之中的造物的一切焦虑,主对之仅以沉默作答——仅此言就足以向造物表明基督教的神性。

人只有生活在赤裸的现时,放弃过去和未来才能使自己得救。这就排除了人类无限定的进步的现代神话,即使这种神话以神性的教育形式出现。很少有像这种观念那样亵渎神明的观念,因为它趋向于使我们在未来之中寻求只有永恒才能给予的东西,也就是使我们背离上帝。"任何事物不可能以在源头上就不具备的东西作为归宿。相反的观念,即进步的观点,是毒药。应把结此果实的根拔掉。"这并不意味着人类在世不能有所获,而是这些进步作为尘世间的东西,永远不是无限定的,因为时光流逝最终会吞没它所产生的东西。时间根本不同于永恒,对于我们来说,时间是通向永恒之门:不应把时间变成永生的替代物。

薇依从这种必然性——它对于灵魂的拯救具有根本意义——中,即纯洁地在尘世中生活并一无所求地承受苦难,得出了体力劳动的辉煌的精神性。体力劳动使人直接接触到荒谬和世俗生活的内在矛盾,由此,如果劳动者不撒谎的话,劳动使他触及了上天:"劳动使人疲惫不堪地感到像球一样反弹回来的合目的性现象:劳动为吃饭,吃饭为劳动……若把两者之一看成终结,或把两者分离开来,那就完了。唯有这种周而复始才是真理。"

但为拥抱这种循环必须绕开未来,并且上升到永恒。"人民的鸦片不是宗教,而是革命。"

无数冠以绝对标签的相对事物来到尘世,居于灵魂与上帝之间。只要人尚不愿成为一无所是去拥有一切,人就需要偶像。"偶像是穴洞中根本的必然。"在这些偶像中,社会的、集体心灵的偶像是最强大、最危险的。大部分的罪过同社会有关:它们听命于显现和统治的渴望。薇依并非摒弃如此的社会,她知道,社会环境、根基、传统等,构成了尘世和上天之间的桥梁,即 metaxu。她所摒弃的,是集权主义的国家,即以柏拉图的"猛兽"和样子可怕的怪兽[①]为象征的国家,它的伟力和威望篡夺了人们心灵中上帝的地位。社会的偶像,不管以保守面目还是以革命的面目出现,不管它是热爱现在的还是未来的国家,最终都会让真正的神秘传统窒息并取而代之。对预言家和圣人的种种迫害都源于此;正是由于社会偶像,安提戈涅、圣女贞德和十字架上的耶稣基督才遭难。社会怪兽为人提供宗教的替代品,使人能够超越自己而不净空自身,因而,能以很少的代价放弃上帝;最高尚的品德可能有一种社会的仿效,它使这些品德即刻蜕化成伪善:"伪善者出于对猛兽的屈从而道貌岸然。"

两个古代民族体现了这种集体心灵的偶像:以色列和罗马。"罗马,是无神论的、唯物的猛兽,它只爱自

---

① 指《启示录》中的十角七头兽。

己。以色列，是宗教的猛兽。不论前者还是后者，都不可亲。猛兽总是可憎的。"尼采从以色列和罗马的冲突中看到了两种不可调和的生活观之间的决斗，对于薇依来说，这种冲突还原为两种本质相同的集权主义之间的斗争。然而，必须指出：她的反犹观十分强烈，教会在《新约》和《旧约》之间建起的连续性成为她加入天主教的重大障碍。这种反犹观属于纯精神领域，因此，同今天的反犹主义这个词的含义毫无相同之处。譬如，她对希特勒的反犹主义和犹太人的世俗的救世主降临说同样地厌恶。她曾多次同我讲起反犹主义的犹太渊源！她曾多次说起希特勒与犹太人在同一块地盘上逐鹿，希特勒排犹只是为自身利益而以别种名义复活犹太人的尘世的、残忍专断的族神。她对社会偶像的厌恶很自然地发展到对其他一切集权主义的神秘形式的厌恶。甚至，她在多方面赞美有加的天主教会也难免受到她从社会角度做出的批评：天主教的犹太和罗马渊源，对尘世的干预，天主教的组织和等级制度、教规，某些格言——如"教会之外无灵魂得救"或 analhemasit（逐出教会），以及像宗教裁判所这一类的历史现象等等，在她看来确为高级的形式，但仍是极其令人憎恶的社会偶像形式。然而，薇依始终确信教会中有关上帝的显灵和上帝的启示。"幸运的是，地狱之门不会吞噬一切。"她在生命终了之时写道："真理不可腐蚀之核心尚在。"

薇依的思想大体如此。本文粗线条的论述必然会疏漏许多阐明、详述和平衡其学说的细微之处。序言，正如其名，不是别的，只是助人跨过门槛而已。

我愿诉说对她的友情和崇敬，失去她的痛苦，每天超越死亡而重新发现她的愉悦。我不断从她的思想中汲取营养，尤其是这颗一切真正的亲密与之相伴的不可逾越的廉耻之心，这一切会不会使我评价分析她的作品时所必需的客观努力不可行呢？

我是天主教徒，薇依则不是。我从来不曾有过丝毫怀疑，薇依在超自然的真理的实际认识上远远超过了我，但是，表面上，她始终停留在教会的边缘，没有受过洗礼。薇依给我的最后几封信之一清楚地表明她对天主教的态度："此时，我宁可准备为教会去死——如果有朝一日它要人们为它献身——而不加入教会。可以说，死不会使人受任何约束；这并不包含谎言……现在，我觉得自己在撒谎，不管我做什么，或身在教会之外，或入教会。问题是弄清何处的谎言更小些……"如果说薇依是耶稣基督的无畏的恋人，那么对此我从来坚信不疑；虽然她的思想往往属于基督教重大真理的范围，但却无任何特定的天主教的东西，并且从不接受教会的普遍权威。然而，当一名天主教徒要评判一位非天主教徒的思想时，很难摆脱两种相对的过分行为。第一种是，把有关的思想同思辨的神学原则相对照，无情地谴责所有表面看来似乎并非完全正统的东西。这种方法的好处是具有"栏杆"作用，在通往上帝的桥上始终是必需的；但是，若毫无理解也无爱心地采用这种方法，就有可能蜕化为对福音教义的滥用：你的目光使你反感……至于我，既不是神学家，也不专门肩负捍卫基督教信仰的重任，我觉得自己与这项工作毫不相称。我尤其不愿充当一名书房里的神学家，靠着神奇的贝德克①的书，自认为有权对一位无畏的跋涉者的甚至并非完全的汇报做终审裁决……

第二种是，不顾一切地想使所研究的思想纳入天主教信理的方向。这是明目张胆地滥用 compelle intrare（迫使某人入教）。我认为，在生活中或人类的事业中，所有真的或纯洁的东西自然会在天主教的综合论题中占有一席之地，无须推动或扭曲使之进入。我们无须像吝啬者敛财那样，把一切聚集到自己身边，因为一切属于我们，而我们属于基督……

并不应由我来判定薇依的思想在何种程度是或不是正统的。我只限于指出——我的证词除我本人之外不具约束力——一个基督徒的灵魂在何种意义能够阐述这种思想，为自己的精神生活从中获取营养。

我尤其要避免同薇依发生用词的争议。她使用的词汇是神秘主义者的词汇，而不是思辨神学家的词汇：她的词汇不是用来表达本质的永恒秩序，而是灵魂寻找上帝的具体途径。所有的灵性作家都如此。在《对话录》

---

① 贝德克（K. Baedeker）：19世纪德国出版家，以出版内容丰富而详实的旅行指南而闻名。

中，当基督对圣女卡特琳娜（Sainte Catherine de Sienne）说："我是存在的那个人，你是不存在的那个人。"这种把造物归结为纯粹虚无的说法，在本体论的认识范围内并不可取。许多神秘主义者在谈到上帝的贫困、谈到上帝对造物的依赖时所采用的说法也一样：在爱的领域中，这些说法是真实的，而在存在的领域中则是虚假的。马利坦①以完美的形而上学的严谨性首先指出，这两种词语并不相互矛盾，因为一种依据的是思辨知识，另一种依据的是实践的和感性的知识。

在薇依的作品中，有两种观点尤其使我以及看过她手稿的少数友人感到震惊。首先，她似乎在创造的世界和超越的上帝之间制造了绝对的断裂，上帝在恶面前自缚双手，并把世界拱手让给偶然性和荒谬的游戏。这种隔绝有可能造成在历史上取消上帝、消除进步概念的后果，随之否认尘世间的价值和职责。其次，对社会的嫌恶，会使人孤芳自赏。

我要再次指出，薇依以神秘主义者而不是形而上学者的身份说话。我甚至会承认，她的天赋倾向使她始终强调超自然事实的不可抹煞性，往往使她忽略本性和神恩之间的联结点和过渡因素。她不赏识基督教虔诚的某些方面，这是毫无疑义的。但是，并不能说她所描绘的方面就不是基督教的。人类的所有经验——除了基督的

---

① 马利坦（Jacques Maritain，1882—1973）：法国哲学家、天主教思想家。

经验之外——从不曾在其整体上包含过超自然的真理。譬如，十字架的圣约翰①所注重的上帝的实在就不同于圣波拉文图拉②。有好几种灵修流派，若用世界一词代替上帝一词，那么诗人谈到的总体意义上的人的那些话也可以用在神秘主义者身上：

> 每个人都按自己的感受认识世界，
> 每个人都有理由这样认识世界，意义才丰富。

若如《福音书》所说，在天上有几多住所，那么也就有几多通天之路。

薇依选择了否定性之路："有些人，对他们来说尘世间一切能接近上帝的东西都是有益的；对于我来说，远离上帝的一切才是有益的。"拯救灵魂的正道，就是在绝对异于上帝之处（盲目的必然性、虚无、恶……）寻找并爱上帝，这条道不是出奇地类似于登攀迦密山③（Carmel）之路吗？在此攀登中，人的向导只是一个字：无。十字架的圣约翰谈到造物的虚无和把我们与之相系的爱时，用词不是并不那么绝对吗？"同上帝无限的存在相比较，造物的整个存在是虚无，因此，被造之物的受缚灵

---

① 圣约翰德拉克洛瓦（Saint-Jean de la Croix, 1542—1591）：加尔默罗会修士，西班牙神秘主义者。
② 圣波拉文图拉（Saint Bonaventure, 1221—1274）：意大利神学家，多明我会修士。
③ 迦密山：位于伽南北部，沿地中海地带。

魂是虚无。面对上帝的无限之美,造物的全部美都丑陋不堪。造物的优雅和可爱同上帝的美相比,平淡无奇、令人嫌弃。造物内含的一切善同上帝的善相比,只是邪恶。唯有上帝才是善……"

此外,如果说薇依的"神学"摒弃"好人的上帝",即以家长或以尘世君主的方式统治世界的概念,那么它并不排斥从更高意义上讲的神意行为。偶然性、命运和神意的概念在存在的各层次上也是真实的。毫无疑问,物质和恶在尘世间行使着"属于它们的因果关系":历史上演出的无数可怕活剧足以证明上帝的王国并不在人世(《圣经》不是把魔鬼叫做 princeps hujus mundi① 吗?)。但上帝并不因此而不出现在创世之中:他的恩典虽然无法改变重压在我们身上的命运,却通过重负的规律在起作用,正像阳光照在云雾上。这位"在自己的爱之中保持沉默"的上帝并不是像亚里士多德和斯宾诺莎的上帝那样,对人类疾苦无动于衷。正是出于对造物的爱,他在创世的表面上自我隐退;正是为让造物通往无上的纯洁,他让造物独自穿过茫茫的苦难和黑夜并遭遗弃。上帝面对恶把自己双手缚住,剥夺所有一切类似尘世间的权力和威望的东西,他要人们在他身上只爱上帝之爱。"上帝献身人,作为强大的或完美的——这由人来选定。"而无比的完美在尘世间无比软弱:上帝作为爱,被整个地钉

---

① 意为:尘世的君主。

在十字架上……

薇依并不否认尘世价值的尊严和必要性。她从中看到了灵魂与上帝之间的 metaxu（中介）。"毁坏的亵渎神灵又是什么？并不是低贱的东西，因为这并不重要；也不是高尚的东西，因为人不可能达到，而是 metaxu。metaxu 是善与恶的领域……不应当使任何人失去这些相对的和混杂的善（家园、祖国、传统、文化等等）。它们温暖并滋养着心灵，若失去它们，除非是圣人，人的生活便是不可能的。"但是，只有那些出于对上帝的爱，经历了彻底剥夺的人，才可能这样对待相对的和混杂的善；其他的人或多或少会把这变成偶像："只有以超自然的爱去爱的人才能把手段仅看做手段。"

不管薇依对"选择这一低层次的概念"和对意志力在超自然领域中的绝对无效曾说过些什么，她并没有因此而落入寂静主义。相反，她不断地指出，若无超自然品德的坚忍不拔和严格的操持，神秘主义的生活只是一种幻想。神恩的起因在人之外，但神恩的条件在人之中。当幻想具有感情的虔诚和某种宗教式的 Schwarmerei（狂热）形式时，薇依对它尤为厌恶，这种厌恶成为所有在纯净的灵修中可能煽起想像或自傲的抗衡力量。在十字架的圣约翰之后，薇依常说，拒不履行容易而卑下的职责的启示并不来自上帝。"我们的职责是消灭自我……只有用自己的意志抵制循规蹈矩，才能做到真正的祈祷。"一切没有恪守日常职责的宗教激情在薇依看来是令人怀疑的，她在尽责中出现的一些微不足道的疏忽——大部分由于她体弱多病造成——使她一直痛苦地怀疑自己精神天赋的真实性。在去世前，薇依以令人心碎的谦卑写道："所有的神秘主义现象……绝对超出了我的能力。我对此一无所知。这些现象属于那些在起始时具有起码的道德品质的人。我是偶然地谈到这些。我甚至没有能力对自己诚恳地说，我是偶然地谈到这些。"

我尤其注意不多谈薇依的政治观念，因为我对此是完全赞同的。换了别人，也许会对这段生活的叙述激动不已。由于思索和信念的影响，在这种生活中一位根本上具有革命气质的人逐渐浸透了对过去和传统的崇拜。薇依始终是一个革命者，但她成为革命者，并不是受到让人背离现实的那种空想未来的影响，而是为了必须不断恢复的永不变更的永恒，这种永恒当时正在蜕化变质。薇依不相信人类会无休止地变得越来越完美：她甚至认为，历史的发展更多地证实了蜕化法则，而不是孔多塞①式的进步法则。在这方面，我无须为她辩护。我不觉得，同伟大的希腊传统相比，认为"任何变化只可能是有限的或周期性循环的"观点是一种异端邪说。薇依对社会猛兽的抨击，尽管有时在形式上甚为极端，但是只要将它重新置于原来的境况中，就足以确信这些抨击无论如

---

① 孔多塞（Condorcet，1743—1794）：法国数学家、哲学家、经济学家和政治人物。曾任立法议会议长。他被当做吉隆党徒关进监狱，后服毒自杀。在狱中，曾写过《人类精神进步史表纲要》。

何不是赞扬无政府主义。"社会是尘世间权贵的领域，"她写道，"对于社会，除了设法限制恶之外，人们别无其他职责……神圣的标签贴在社会上：令人陶醉的混合物，它要求一切许可——一种改头换面的魔鬼。"但她接着又说："城邦国家呢？这并不是社会，这是并不比呼吸的空气更令人意识到的人的境遇，是一种同自然、历史、传统的接触。扎根是不同于社会的东西。"换言之，社会影响既是养料也是毒药。作为养料，它为个人提供像人那样生活并同上帝会合所必需的内部装备；作为毒药，它夺走人的自由并在人身上取代上帝的位置。社会对神灵的这种经久不息的侵占——这种神秘主义者在政治上无休止的蜕化充实着历史——足以表明（今日胜过以往任何时候）人被剥夺自由的危险的严重性。

Mutatis mutandis（万物都应顺应变化），这种看法适用于教会。显然，像薇依那样渴求绝对的人，必然会有些缺乏历史相对性的意识：nolite conformari huic soeculo（拒绝顺应时代精神）对于她是一种不容保留的指令。她极不理解，教会对尘世的必需所作的某些让步对她永生的灵魂并无约束。在薇依看来，把查理曼①列为受真福音者是与社会偶像不光彩的妥协。她在一些文章中把教会视做"集权的猛兽"。这是什么意思？集权主义的特征是既拒绝一切又妄图充当一切。天主教教会在尘世间是上

---

① 查理曼（Charlemagne，742—814）：即查理曼大帝，768—814年为法兰西国王。

天的使者，因此它无须成为集权者。薇依的批评在站得住脚的情况下只能涉及教会组织的某些人，他们专断地关上了爱和真理的大门，由此否认天主教的普遍天职。没必要在此——尤其在目前众多天主教徒毫不犹豫地提供武器攻击教会之时——重新展开以前由"教会乃罪过之本"说所挑起的争论。我们来看一看，当基督称"地狱之门并不更宽敞"时，他并不曾许诺教会的一切将永远是纯洁的，而是说信念中最根本的东西终将得救。教会的根本在于上帝：这并不等于大树没有枯枝或被虫蛀。有信念的意思是，相信神圣的浆汁永不会枯竭。透过沾染在教会身上的种种污浊，"真理不可蚀的核心"——用薇依的话来说——依然完好，这是天主教神灵最有力的证明之一。只有当教会的人的躯体完全同其神圣的灵魂相分离时，教会才可能变成"集权的猛兽"。这种假定是完全不可能的，因为地狱的门并没有优势……今天，面临着猖獗的集权主义，教会似乎是世界上最后一个避风港。

在薇依身上，排除社会偶像并不会造成宗教的个人主义。"我自身和社会是两大偶像。"神恩使我们从这两者中解脱出来。当布克莱（Celestin Bougle）在当时还是大学生的薇依身上看到"无政府主义者和教权主义者的混合体"时，这肯定是他想用自己的语言表达的意思。

薇依只有在她自述的层次上才能被人理解。她的作品若不是针对像她那样一无所有者的话，至少是针对那些在内心深处保持着追求纯粹的善——她把自己的生与死奉献给这种善——的人。我并没有忽略这种灵修性的危险：站在最高峰上会使人目眩头晕。但是，如果光线会燃烧，这并不成为熄灭它的理由。

这里说的不是哲学而是生活。薇依并不企求建立自己的体系，她渴望从自己的作品中消失。她唯一的愿望是不再成为上帝和人之间的屏障，而是销声匿迹，"以使造物主和造物能互诉心声"。她对自己的天赋才华不屑一顾，因为她深知真正的伟大在于一无所是。"我所具有的精力和才干又算什么？我并不稀罕，任我消失吧……"她的意愿得到满足：某些文字达到了这种无人的声韵，即最高的启迪的标记："不可原谅伤害我们的人，若这种伤害使我们贬抑。应当认为这种伤害并没有使我们贬抑，而是显露出我们实在的层次。"还有，"若有人伤害我，祈求这种伤害并不使我堕落，出于对我造成伤害者的爱，以使他确实没有造成伤害"。正是在这样的谦卑和爱的呼唤中，而不是在她作品的系统性方面，薇依犹如一个纯洁的使者，我始终信赖她。我要通过下面的文字把这种信任传递给所有走向她的灵魂。

本书所有文字均取自薇依托付给我个人的手稿。因此，这些文字写在 1942 年 5 月之前。她父母热心地把她更近的作品交给了我们，但没有收入本书。我们从同许许多多引语、哲学和科学文章混杂在一起的笔记中选出了这些文字。在两种介绍形式之间我们犹豫不决：根据写作的次序逐篇地介绍她的思想，或者分类介绍。我们觉得第二种方式更可取。在此，我们对所有帮助并鼓励我们工作的人表示感谢：佩兰（Le R. P. Perrin）神甫、瓦斯托（Lanza del Vasto），奥诺拉先生和小姐（M. et Mll. Honnorat，他们是薇依的私人朋友），马塞尔（Gabriel Marcel）和德法布雷格（Jean de Fabregues）。在整理、转录方面，德皮杜尔（V. H. Debidour）先生曾帮助我们翻译夹杂在格言中的希腊文引语，还有忠诚的合作者凯莱（Odile Keller）小姐，他们都给了我们无比珍贵的帮助。

梯蓬（Gustave Thibon）

1947年2月

重负与神恩

灵魂的一切自然的运动受物质万有引力一类的规律制约。唯有神恩例外。

应该预料到万物是按重力法则运转的，除非有超自然的介入。

两种力量主宰着宇宙：光和重力。

重负。一般地说，人们期待他人的事是由我们身上的重负效果决定的；人们从他人那里得到的由他人身上的重负效果所决定。而这（偶然）会巧合，通常并非巧合。

为何一旦有人表示有一点或非常需要别人时，别人会远离？重负所致。

李尔王①，重负的悲剧。所有一切被称为低劣（bas-

---

① Lear，指莎士比亚的悲剧《李尔王》。

sesse）的东西都是一种重负现象。低劣一词也表明这一点。

行为的目的和为这种行为提供动力的层次，是迥然不同的两回事。

应当做这样的事。但从何处汲取力量？一种高尚的行为若不拥有同样层次的力量，也会变得低下。

低下和肤浅是同一层次的。他爱得非常强烈，但却是卑下地爱着：这句话是成立的。他深深地爱着，但却很卑下：这句话站不住脚。

若说同样的苦难对于高尚的动机比对于卑下的动机来说更难以承受的话（为得到一只蛋，自凌晨1点到8点站着不动等待的人。为救人性命可能难以做到这一点），一种卑下的品性也许在某些方面比高尚的品性更能经受困难、诱惑和不幸的考验。拿破仑的士兵便是一例。由此产生了使用残忍手段保持或提高士气的方法。对于士气衰退，不忘记这一点。

这是法则中的特例，它一般使力量倾向于卑劣一侧。重负就是这种特例的象征。

排队取得食物。同样的行动，若动机卑下倒比动机高尚更容易完成。卑下的动机比高尚的动机蕴涵着更多的能量。问题是：如何使卑下动机所含的能量转移到高尚动机方面？

不要忘记，在我头痛发作的某些时刻，我曾极想痛打另一个人的额头的同一地方，让他也受苦。

类似的愿望在人身上是常有的。

在这种情况下，我至少有好几次忍不住说出伤人之语。向重负屈服了。这是大逆不道。话语的功能就如此被滥用，话语是用来表达事物关系的。

恳求的态度：我必应转向我以外的他物，因为这关系到自身的解脱。

试图以我自身之力求得这种解脱，就像一条拉了绊索而跪倒在地的牛。

于是，人通过强力行为释放自身的能量，而强力使能量有减无增，人只有高高在上才可能从这个恶性循环中解脱出来。

人具有外在的精神能量的源泉，一如有体能的源泉（食物、呼吸）。一般来说，人能得到它，因此，人有幻想——就像在体能上那样，认为自身拥有守恒的要素。只有困乏才能使人感觉到需要。在困乏中，人不得不去寻求任何可供食用的东西。

对此，只有一种良药：叶绿素才能以阳光为养料。

不要作评判。一切错误都一样。只有一种错误：无法以阳光为养料。由于这种能力已失去，一切错误都可能发生。

"我的养料是实现将我抛弃者的意愿。"

除此能力之外别无其他善行。

在毫无重力的动作中下降。……重力使之下降，翅翼使之上升：第二品级天使具有怎样的翅膀能无重力而使之下降？

创世是重力的下降动作所为，是神恩的上升动作和第二品级天使神恩的下降动作所为。

神恩，这是下降动作的法则。

谦卑，对于精神重力就是上升，精神重力使我们跌到高处。

过于巨大的不幸使人得不到怜悯，相反，得到的是厌恶、恐惧和蔑视。

怜悯下降到某一程度，而不是降至这种程度之下。仁慈又怎能下降到这种程度以下呢？

堕落到如此低下境地的人怜惜他们自身吗？

虚空与报答

人的机制。受苦的人设法把自己的痛苦传递给他人——或是虐待他人,或是引起怜悯——目的是减轻痛苦,而他确实减轻了痛苦。地位卑微者,无人怜惜,也无权虐待他人(若他无子女或亲人),他受的苦挥之不去,使他深受毒害。

这就像重力一样专横。如何从中摆脱?如何从像重力一样的东西中摆脱出来?

把痛苦散布在自身以外,这种倾向,我现在还有!人和物,对于我并不足够神圣。当我浑身化为污泥时,我能够不玷污任何东西吗?即使在我思想中也不玷污任何东西。即使在最糟的时刻,我也不会损坏希腊塑像或乔托的壁画。为何还有其他要求?譬如,为何寻求人生瞬间的幸福时光?

不可谅解伤害我们的人,若这种伤害使我们变得卑贱。应当设想此人并没有使我们变得卑贱,而是反映了我们的真实水平。

盼望看到他人受自己所受的苦。因此，除了在社会不稳定时期，悲惨者的怨恨发泄在自己同类的身上。

这正是一种社会稳定的因素。

把痛苦散发到自身以外。若由于极度的软弱，既无法激起人们怜惜，也不能伤及他人，伤害的是天地在自身中的体现。

任何美好的事物于是成为诅咒。

伤害他人，就是要从中得到什么。得到什么呢？当伤害他人时，赢得了什么？（又必将会重新付出的。）人们扩宽自己。发展自己。在他人身上建立虚无以填平自身的虚无。

能伤害他人而不遭报应——譬如，向下属发脾气，下属不得不保持沉默——就无须付出代价，而这代价由对方承担了。不合理地去满足某种愿望，也具同样性质。这样省下的精力马上就蜕化了。

表示原谅。办不到。当有人伤害了我们，我们身上就会有所反应。报复的欲望就是一种基本的平衡愿望。在其他层面上寻找平衡，应在自身发掘直至极限。在此人们触及虚无。（自助者天助。）

头痛。在此时，将痛苦抛向宇宙，它就会减轻，但是，这是走了样的宇宙；一旦痛苦返回原处，它会更强烈，但是我身上的某种东西不再痛苦，并同没变样的宇宙保持着接触。对待激情也同样，使激情下降，将它拉回某处，并不再理会它。尤其是要这样对待一切痛苦。阻止它们接近事物。

寻求平衡是件坏事，因为这种寻求是想像出来的，是报复。即使在事实上宰杀或拷打仇敌，在某种意义上也是想像。

为国、为民、为家、为友人、为发财、为升迁而活的人——遇上战乱，被当作奴隶押走，从此，他将永远为生存而耗尽自己的全部精力。

这是可怕的、不堪设想的事，因此，他并不会想像面临如此悲惨的结局，即使是有人惩罚一个在他身边干活的奴隶。他不可能选择结局。不管什么样的结局都如同救命稻草。

家园被毁又沦为奴隶者，无过去也无未来，他们又以何物充实自己的头脑？谎言，还有最不足挂齿、最卑微的贪婪，也许，准备冒着上十字架的危险去偷一只鸡的想法胜过了从前为卫国保家战死疆场。甚至可以说，这些可怕的折磨或许本来就不是必然的。

或者就应能够承受思想中的虚无。

为在不幸中有力量正视不幸，必须有超自然的食粮。

过分艰难的境况使人卑微，产生这种情况是由于高尚感情赋予人的精力——一般地说——是有限的；若境况要求超越这种限制，就必须求助于卑下的感情（害怕、贪婪、拔尖、追求体面），这种感情更富有力量。

这种限制是许多人突然改变态度的关键。

一些人，出于对善的爱而走上受苦之路，历经一段时光，达到了自身尽头而变得卑劣起来，这是他们的悲剧。

路上的石头。扑向石头，就像以某种强度的欲望为始，石头就会不再存在。或是离开，就像自身不存在一般。

欲望包含着部分绝对，若欲望无法实现（一旦精疲力竭），绝对就转移到障碍上。失败者，受压迫者的心态。

懂得（在每种事物上）有极限，若无超自然相助便无法超越（或是说极少超越），并随之以极度的屈辱为代价。

由于构成动机的对象物的消失而释放出来的能量总是趋向于更为卑下。

卑下的感情（羡慕、怨恨）是一种蜕变的能量。

任何形式的报答都是能量的蜕化。

做了好事（或完成一件艺术作品）后的沾沾自喜是一种高层次的能量蜕变。因此，右手应当不理会……

某种纯属想像的报答（如路易十四露出笑容）是人们所付出代价的完全等同物，因为它确实具有人们所付出的代价的价值——这同实际的报答相反。作为实际的报答，不是过高就是太低。因此，想像的好处才是唯一给人以无限力量的能量。然而，路易十四确实在微笑；若他并不微笑，则是一种难以表白的剥夺。一位国王大部分时光只能给人以想像的报答，或是，他无法做出报答。

从某种程度上讲，在宗教中也一样。由于得不到路易十四的微笑，就自我创造一个朝我们微笑的上帝。

或者还可自我赞扬。必须要有一种等量的报答。这像重负一样无法避免。

一位受人爱戴者让人失望。我写信给他。他不可能不回答我，说出我以他的名义对自己所说的话。

人所欠我们的是我们想像他们会给予我们的东西。把这笔债交还给他们。

承认他们有别于我们想像中的造物,这就是仿效上帝的弃绝。

我也一样,我不同于我自己所设想的那样。了解这一点,就是赎罪。

接受虚空

"我们通过传统相信诸神的主题,对于人的主题,我们从经验中得知:鉴于本性的必然,一切存在总在行使其所拥有的全部权力。"(修昔底德)灵魂像气体一样,欲占据赋予它的全部空间。一种收缩的气体就会留出虚空,这与熵的规律相反。基督教的上帝并不如此。基督的上帝是一位超自然的上帝,而耶和华是位自然的上帝。

不行使自己拥有的全部权力,就是承受虚空(le vide)。这违背自然法则:唯有神恩才能办到。

神恩来填补,但神恩只能进入虚空接纳它的地方,而造成虚空的正是神恩。

得到报答的必要性,取得付出代价的等同物的必要性。但是,若歪曲这种必要性而留下虚空,就会产生抽吸现象,超自然的报答就会突然而至。若另有报答,超自然的报答就不能来临:是虚空使它到来。

债务的免除也同样(这不仅仅关系到他人对我们造成的损害,还有我们为他们带来的福乐)。在此,人们再次接受自身的虚空。

接受自身的虚空，这是超自然的事。对于无补偿物的行为，何处找到动力？动力应来自他处，然而，首先应是一种断肠的痛苦，某种绝望之事，首先是虚空的产生。虚空：茫茫的黑夜。

赞美、怜悯（尤其是两者的混合）带来真正的动力。然而，应当放弃。

应是一段无报答——自然的或超自然的报答——的时光。

应当设想内有虚空的尘世，以使尘世需要上帝。这意味着恶。

爱真理意味着承受虚空，继之接受死亡。真理是同死亡在一起的。

人只是在一瞬间摆脱尘世法则。停滞、静观、纯粹的奥秘传授、心智的虚空、接受精神虚空的瞬间。正是在这些瞬间里，才可能出现超自然。

在瞬间承受虚空者，或会得到超自然的食粮，或会栽倒。可怕的风险，但必须冒这风险，即使是毫无希望的一刻也罢。然而不该投身进去。

超　脱

为实现完全的解脱，不幸是不够的。必须是一种无慰藉的不幸。不应有慰藉。无任何可以表示的慰藉。这时，不可消磨的慰藉于是降临。

免除债务。接受过去，而不向未来要求报答。让时光即刻停止流逝。这就是接受死亡。

"他使自己失去自身的神圣。"使自己摆脱尘世，具有奴隶的特性。使自身沦落到由他人占有时空的地步，沦落为一无所有。

剥夺自身对尘世的想像的权力。绝对的孤独。人于是就掌握了尘世的真理。

弃绝物质财富有两种方式：

为精神财富而自我剥夺。

把物质财富设想和感知为精神财富的条件（譬如：饥饿、劳累、受屈辱会使智慧熄灭并有碍于默祷），但却弃绝物质财富。

这第二类的弃绝是唯一的精神赤裸。

更有甚者，若物质财富单独出现并同精神财富没有联系，那么物质财富几乎并无危险。

弃绝并非神恩的一切，并且不渴望神恩。

灭欲（佛教）——或称解脱——或称安天命（Amorfati）——或对绝对善的渴望，都是同一件事：清除欲念，清除合目的性的一切内涵，空洞地渴望，无愿望地渴望。

在一切中，超脱特殊事物，不管它是何物，空洞地渴求，渴求虚空。因为这善就是虚空，我们既不能想像也无法确定它。然而，这虚空比所有一切盈满更满。

若达到此境界，也就超脱了，因为上帝填满虚空。这说的完全不是我们所理解的意义上的精神过程。知性无所可得，它要做的是清理。智性只宜于从事卑贱的差使。

善对于我们来说是虚无，因为任何事情都不是好的。但是这虚无不是非现实的。所有存在的东西同它相比，都是非现实的。

把让人心满意足的信仰从虚空中分离，这是给苦涩添加温和剂的信仰。信仰永生。相信罪过的功用：替罪羊（etiam pec - cata）。相信事情的天意——总之，往常在宗教中寻求的"慰藉"。

通过摧毁特洛伊（Troie）和迦太基（Carthage）去热

爱上帝，并无慰藉。爱不是慰藉，爱是光明。

尘世的实在是我们用自己的依恋造成的。这是由我们把我的实在转移到物上。这丝毫不是外部的实在。外部的实在只是由于完全的超脱才可感触到。即使仅剩一丝联系，依恋仍然还在。

不幸使人把依恋倾注在受苦的对象上，它使依恋的可悲性质一览无余。由此，解脱越加显示其必要性。

依恋是幻觉的制造者，因此，欲求现实者应得到解脱。

当人们得知某物是现实的时候，就不能再依恋于它了。

依恋并非他物，只是现实感情中的不足。人们依恋于对某物的拥有，因为人们以为若不再拥有此物，就不再继续存在。许多人并没有以全部身心去领会，在一个城市被毁灭和他们义无反顾远离这个城市之间有着决然的不同。

若人间的受苦在当时没有得到减轻，这受苦就难以忍受。

阻止减轻人间的受苦，使之成为难以忍受的。

"当他们饱尝泪水时"(《伊利亚特》)——又一种使最难忍的痛苦变得可以容忍的手段。

不应当因得不到慰藉而哭泣。①

一切不能使人超脱的痛苦是徒劳的痛苦。寒冷的荒漠、蜷缩的灵魂,没有什么比这更可怕的了。奥维德②。普劳图斯③的奴隶们。

永远不想所爱的又不在眼前的东西或人,若不想到这件东西也许已被毁了或这人也许已死的话。

但愿这种想法不会瓦解现实的感情,而是使它变得更加强烈。

每当人们说"但愿你心想事成"时,人们想像到各种各样可能遇到的不幸。

自杀有两种方法:自尽或超脱。

在思想中杀死所爱的一切:唯一的死亡方法。但仅仅是所爱的东西。(不恨父亲、母亲者……而是:爱你的敌人……)

不要渴望所爱的东西是不朽的。不管面对什么人,

---

① 耶稣基督曾说:"哭泣者是幸福的。"但薇依在此只是谴责因失去尘世利益而落泪和为自己落泪的人。——原编者注
② 奥维德(Ovide,公元前43—17或18):罗马人,拉丁语诗人。
③ 普劳图斯(Plautus,公元前254—前184):罗马喜剧作家。剧中有下层社会的奴隶、妓女、士兵、老人等。

不要渴望他不朽，也不要盼他死。

　　守财奴由于渴望财富而使自己剥夺财富。若能把自己所有财富藏于地下某处，为何不把它藏在上帝那里？

　　当上帝变成像财富对于守财奴那样意义深长时，要不断告诫自己，上帝并不存在。即使他不存在，还应去感受人们在爱他。

　　厄勒克特拉（Electre）为已死的俄瑞斯忒斯（Oreste）① 哭泣。若想到上帝不存在而爱上帝，他将会显示他的存在。

---

　　①　在希腊神话中，厄勒克特拉是迈锡尼王阿伽门农之女，俄瑞斯忒斯之妹。她曾帮助兄长为被其妻及奸夫杀害的父亲报仇。

填补虚空的想像

想像始终致力于堵住神恩可能通过的所有缝隙。

任何虚空,都(不被接受)制造仇恨、刻薄、苦涩、积怨。人们盼望自己所恨的遭到恶报,并且人们想像的这种恶报,重建起平衡。

"西班牙遗嘱"的民兵们想像着胜利以承受死亡,是想像填满虚空的一例。尽管赢得胜利毫无指望,人们为必将获得胜利而不是为将被牺牲的事业,承受着死亡。对于某种软弱无力的东西来说,这是超人的(基督的门徒)。对死亡的思考召唤抗衡力量,而这抗衡力量——神恩除外——只能是谎言而已。

填补虚空的想像从根本上说是骗人的。它排除了第三维,因为仅仅只是现实的东西处于三维之中。想像排除了各种各样的关联。

设法给那些尽管是确实发生了却仍是想像意义上的事情下定义。战争。罪恶。复仇。极度不幸。

在西班牙，罪恶确实在发生，而罪恶却又像普通的夸夸其谈。

种种实在之事并不比梦想具有更大的范围。

在恶之中一如在梦想中，并没有多种读法。① 由此造成罪犯的简单性。

平淡的罪恶就像由两个方面造成的梦：凶手方面和受害人方面。有什么比在噩梦中死去更可怕？

报答。马里乌斯（Marius）设想着未来的复仇。拿破仑想着后代。纪尧姆二世（Guillaume Ⅱ）渴望喝一杯茶。他的想像力和强力的结合不那么紧密，不足以穿越岁月长河：转向一杯茶。

17世纪百姓敬慕大人物（布吕耶尔［La Bruyère］）。这是填补虚空的想像产生的效果，自从金钱取而代之以来，这种效果就烟消云散了。两种卑下的效果，而金钱更为甚之。

不管在什么境遇中，若中止填补虚空的想像，便产生虚空（精神贫乏者）。

不管在什么境遇中，（但在某些境遇中，付出过何等屈辱的代价！）想像可以填补虚空。正因如此，普通人可

---

① 关于此词在薇依的语汇里的含义. 请参见后面《代数》一章。——原编者注

能成为囚犯、奴隶、妓女,并且不论经历何种苦难也得不到净化。

始终要在自身制止填补虚空的想像。

若接受任意某种虚空,又会有何种命运阻止人们热爱宇宙?

我确信,不管发生什么事,宇宙是满盈的。

弃绝时间

时间是一种永恒的形象,但也是永恒的一种代用品。

被剥夺了财富的守财奴。他被夺走的是已冻结的过去。过去和未来,人仅有的财富。

填补虚空的未来。有时,过去也起这种作用(我曾是,我做过……)。在其他情况下,不幸使幸福的想法成为不可容忍的;它剥夺了不幸者的过去。

过去和未来为想像中的升越提供了无限的场所,因而阻碍了不幸的拯救功能。因此,弃绝过去和未来是首要的弃绝(nessun maggior dolore…)。

现在不接受目的性。未来也一样,因为未来只不过是将成为现在的东西。但说不清楚。若把存在于我们身上的这种渴望的矛头—— 它与目的性相应—— 针对现在,矛头就穿透现在直向永恒。

这正是绝望的用途,它使人背离未来。

当人们对自己所期待的乐趣感到失望而它又来临时，失望的原因，就是人们对未来有所期待。一旦未来降临，就成了现在。必须让未来在那里，永远是未来。荒谬——唯有永恒才能使之康复。

时间和洞穴。脱离洞穴，解脱在于不再走向未来。

净化的一种方式：祈求上帝，不仅仅是针对他人而默默祷告，还要想着上帝并不存在。[1]

对死者的虔诚之心：为不存在的东西做一切。

因他人死亡产生的痛苦，正是这种虚空、失衡而产生的痛苦。从此以后，力量就无对象，因此无报答。若再增添上想像，便是屈辱。"让死者埋葬他们的死亡吧。"他自身的死亡不也同样吗？对象、报答在未来之中。剥夺未来，就是虚空、失去平衡。因此，"高谈哲学，就是学习死亡"。因此，"祈祷犹如死亡"。

当痛苦和精疲力竭达到在灵魂中产生永恒的感觉时，若以领受和爱心凝视这种永恒，人们便脱离永恒。

---

[1] 以被造物的方式来看，上帝确实不存在，对我们天生的功能来说，这些被造物构成了唯一的经验对象物。因此，同超自然的实在的接触首先是作为一种虚无的经验去体验的。——原编者注

无对象的渴望

净化是善和贪欲的分离。

追溯渴望的渊源，为的是从对象中汲取力量。渴望成为力量，在此是真实的。对象才是虚假的。但在灵魂中，对于渴望和渴望对象的分离是成为难以言喻的撕裂的痛苦。

若降至自身之中，便会发现自己确实拥有所渴望之物。

若渴望某人（已故者），便是渴望某个个别的、局限的人；因此，这必然是人，而渴望此人，这个他……等等，总之此人已故，在某日某时。而人们得到他——已故的。

若渴望金钱，便是渴望钱币（机构），即某种在这样或那样的条件下才可能取得的东西，因此，只有在……情况中渴望它。在这种情况下，人们便拥有它。

苦难、虚空在这样一些情况下是渴望的对象物存在的方式。若把非现实的帷幕揭开，便会看到它们正是这样向我们表现的。

看到这些,人们依然会受苦,但却是幸福的。

若能确切地得知被窃取了财富的守财奴丢失的东西,就会学到许多。

洛赞①及其火枪队队长之职。他宁愿当囚犯和火枪队队长,也不愿失去队长职位去做自由人。

这是外衣。"他们对赤身感到羞耻。"

失去某人,人们感到痛苦,死亡,亡者成了想像中的、虚假的对象。但是,人们对他的渴望并不是想像出来的。降至自身,那里正是那种并非想像出来的渴望所在之地。饥饿:人们想像着食物,但饥饿本身是现实的;被饥饿所占有。死者的在场是想像中的,但他的不在场却是现实的;从此,不在场便是他显现的方式。

不应寻找虚空,因为指望超自然的食粮以填补虚空是在诱惑上帝。

也不应躲避虚空。

虚空是至高的盈满,但人没有权力知道这一点。基督本人在一段时间里对此也茫然无知便是明证。我的一

---

① 洛赞(Lauzun,1633—1723):伯爵,法兰西元帅,路易十四宠臣,由于他傲慢无礼曾被关进巴士底狱。

部分应知道这一点,但其他部分并不知道,因为若其他部分以自身卑下的方式得知的话,就不会再有虚空了。

基督曾经历尽人间的全部苦难,除了罪恶。但他曾拥有使人可能犯下罪恶的一切。使人可能犯下罪恶的,是虚空。所有一切罪恶都是试图填补虚空。因此,我污秽的生命接近他完全纯洁的生命,对于更为卑贱的生命也一样。不管沦落到何等低下的境地,我都不会十分远离他。但是,如若我确实沦落了,我就不可能得知这一点。

同一位久别重逢的友人握手。我甚至察觉不到这是一种触及快乐还是痛苦的感觉:正像一个盲人用他手杖一端直接感觉事物那样,我直接感觉到友人的在场。无论什么生活境遇都是如此,上帝亦如此。

这意味着永远不应去寻求对痛苦的慰藉。因为至福超越了慰藉和痛苦的范围。至福是以另一种感觉被感知的,正像用拐杖的一端或用工具去感知事物不同于确切意义上所说的触觉。这另一种感觉是用整个身心参与其中的尝试方法,通过注意力的转移得到实现。

因此《福音书》说:"我对你们说,这些人得到了酬报。"不应要报答。正是这种敏感中的虚空达到了敏感以外的地方。

圣彼得的背弃。对基督说：我将永远忠于你。这已是在背弃基督，因为这意味着忠诚的源泉在他自身而不在神恩。幸运的是，由于是上帝的选民，这种背弃对众人和他自己成为显而易见的事。有多少人热衷于这样的夸夸其谈，而永远不会理解。

忠于基督是困难的。这是一种空洞的忠诚。而忠于拿破仑直至为他献身，要容易得多。后来的殉教者的忠诚也容易得多，因为，那时已有了教会，即许下尘世诺言的一种势力。这是为强者献身，不是为弱者，或是，至少为那些暂时是弱的却保留着力的光轮的东西献身。忠于囚禁在圣赫勒拿岛（Sainte‑Hélène）上的拿破仑并不是一种空洞的忠诚。为强者而献身可除去死亡的苦涩。同时，使之失去了全部价值。

恳求于人，这是一种不顾一切的企图，以使自己的价值体系强行进入他人的思想中。恳求上帝则正相反：试图使神圣的价值进入自己的灵魂。这还尽可能强烈地思索自己所依恋的价值，这是一种内在的虚空。

我

在这世上我们一无所有——因为偶然性会使我们失去一切——除了说"我"的权利。应当交给上帝的正是这个,也就是毁灭。除了毁掉"我",绝没有任何其他允许我们做的自由行为。

祭品:除了"我",没有别的东西可以献出,所谓的祭献品不是别的,只是贴在我的回报上的标签。

世上没有任何东西可使我们失去说"我"的权力。没有任何东西,除了极度的不幸。没有什么东西比极度的不幸更糟,它从外部毁掉了"我",因为从此人们便不再可能自己毁掉这个"我"。那些用不幸从外部来毁掉我的人又遇到了什么?对于他们,人们只能想像诸如无神论或唯物主义观念的毁灭。

若是他们失去了"我",这并不意味着他们不再有私心。相反,当然,这有时会发生,即类似犬类之忠诚产生之时。但在其他时候,正相反,人被还原为赤裸裸的、植物性的自私。一种无"我"的自私。

只要毁掉"我"的过程一开始,便可阻止任何不幸造成伤害。因为"我"不作强烈的反抗就不会被外在压力毁掉。若出自对上帝的爱而拒不作反抗,那么,毁掉"我"就不是从外部而是从内部发生。

赎罪的痛苦。当人处在完美境地时,当得到神恩相助,他在自身中完全毁掉"我"时,若此时,他落入不幸境地 —— 对于他自己,这相应于从外部摧毁"我"的不幸境地,即十字架的"全"之所在。不幸不再能在他身上毁掉"我",因为"我"在他身上已不复存在,已完全消失,把位置让给了上帝。然而,不幸在完美的方面产生某种等同于从外部毁掉"我"的效果。它制造了上帝的不在场。"上帝呀,你为何抛弃我?"

由极度的不幸在完美的灵魂中产生的上帝的不在场又是什么呢?与这种不幸联结在一起的、被称为赎罪的痛苦的价值是什么?

赎罪的痛苦是这样的:恶通过它在可能接受它的整个范围内确实具有存在的"全"性。

上帝通过赎罪的痛苦存在于极度的恶之中。因为上帝的不在场是相应于恶的神明的在场方式——被感知的不在场。心中没有上帝的人不可能感知上帝的不在场。

这是恶的纯洁、完美、圆满和深渊。而地狱是虚假的深渊。地狱是表面的。地狱是虚无的一部分,虚无奢望并给出存在的幻觉。

单纯从外部摧毁"我"和几乎无法忍受的痛苦。灵魂出于爱而参与的外部的摧毁是一种赎罪的痛苦。在出于爱而自愿彻底自我净空的灵魂中，上帝不在场的发生是一种赎罪的痛苦。

在不幸中，生的本能在强行夺走的依恋之物消失后仍存在，并且盲目地紧抓能支撑它的东西，就像植物紧攀着自己的卷须一般。感激（若非那种卑下的形式）和正义在这种状况中是不可设想的。奴役。可是，作为自由主宰的支柱的后备力量已不复存在，借助于这种后备之力，人保持距离。在这种形态下，不幸是丑恶的，就像赤裸的生命始终那么丑恶，就像残肢、就像蠕动的昆虫那么丑恶。无形的生命。幸存便是唯一的依恋。当对幸存的依恋取代所有一切的依恋时，极度的不幸才开始。依恋显现为赤裸的。除自身之外，别无他物。那是地狱。

正是由于这种机制，对于不幸者来说，没有什么东西比活着更为可亲，事实上他们的生命在任何方面并不比死亡更加可取。

在这种情况下，接受死亡就是彻底解脱。

几乎是人间地狱。不幸中的彻底拔根。

人间的非正义一般造成的不是殉难者，而是一些几乎下地狱的人。落入人间地狱中的人就类似遭遇盗匪抢劫和伤害的人。他们失去了品格的外表。

让根继续生存下去的最大的苦难离人间地狱还有无限距离。

当人们为一些被这样拔根的人效力而得到的却是恶言恶语、忘恩负义和背叛时，人们受到的仅仅是他们不幸中的一小部分而已。人们有义务在有限的程度上冒此风险，如同有义务面对不幸。当这一切发生时，就应该像承受不幸那样承受之，而不把这一切同某些既定的人连在一起，因为这些与既定的人并无关系。在几乎是地狱般的不幸中，如同在完美无缺中一样，有某种不具人格的东西。

在那些"我"已死去的人看来，人们无能为力，绝对地无能为力。然而人们永远不会知道，在某个既定的人身上，"我"完全死了或只是失去了活力。若并没有完全死亡，那么爱可像针刺一样使他重新苏醒，但只能是完全纯洁的爱，无任何恩赐之意，因为一丝一毫的蔑视都会加速走向死亡。

当"我"从外部受到伤害时，他像一头挣扎的野兽首先进行的是最激烈、最苦涩的反抗。但是，一旦"我"半死时，他渴望着完结并任凭自己消亡。倘若爱的触动使他苏醒，那将是一种极度的痛苦，它激起愤怒，有时是针对造成这种痛苦的人的仇恨。由此造成在那些沉沦者身上从表面看来无法解释的针对施恩者的报复行为。

有时，在施恩者身上，爱并不是纯洁的。这时"我"

被爱唤醒后立即又受到蔑视的新的伤害，这就会产生最苦涩的仇恨——正当的仇恨。

对于"我"已经完全死亡的人来说正相反，他对人们对他表示的爱毫不感到为难。他像得到食物、温暖和爱抚的狗和猫一样任人摆布，他同狗猫一样，贪婪地要获得这些东西。他像狗一样根据不同情况俯首听命，或像猫一样任凭他人摆弄而无动于衷。他毫无顾忌地吮吸着照管他的人的全部精力。

不幸得很，慈善事业有可能把大部分毫无顾忌或是"我"已经死亡的人作为自己的对象。

由于遭受不幸者的性格较为软弱，所以"我"就更容易遭到扼杀。更确切地说，限定的、毁灭"我"的不幸，根据性格气质的差别而离得近些或远些，它离得越远，可以说性格就越刚强。

或多或少远离这种极限的处境是一种作为数学特有便利的气质问题，无任何信念而为自己在艰难处境中保持了"良好的精神面貌"感到自豪的人，并不比因自己富有数学才能而沾沾自喜的孩童更有道理。信仰上帝的人会遇到产生更严重幻觉的危险，即：把仅仅是机械性质的效应归于神恩。

极度不幸造成的焦虑从外部摧毁"我"。阿尔诺尔夫

(Arnolphe)、费德拉①、吕卡翁②。当即将降临的暴死要从外部毁掉"我"而生命还没有结束之时,有理由跪倒并卑下地祈求。

"尼俄柏③长着一头秀发,想要吃饭。"就像乔托壁画展现的空间一样崇高壮美。

屈辱,迫使人甚至弃绝绝望。

我身上的罪过称"我"。

我即一切。但那个"我"是上帝。因而这不是一般的我。

恶造成区别,阻止上帝与一切都等同。

正是我的贫苦使我成其为"我"。正是宇宙的贫苦在某种意义上造成上帝是"我"(即一个人)。

法利赛人④是一些靠自身力量保持德行的人。

屈辱在于弄清,在被称作"我"的东西中,并无任何使人得以上升的力量源泉。

---

① 费德拉(Phèdre):希腊神话中米诺斯之女,忒修斯的第二个妻子,她爱上了忒修斯前妻之子,因遭拒绝而自杀。
② 吕卡翁(Lycaon):希腊神话,阿耳卡狄亚之王。宙斯降临,他以人肉招待,为此被宙斯化为狼。
③ 尼俄柏(Niobé):希腊神话中忒拜王安菲翁之妻,子女众多,因嘲笑女神勒托而遭报复,子女全遭杀害。她本人因悲伤而化为山岩。
④ 古代犹太教中的一个派别,以严格遵守成文法律著称。《圣经》中称之为言行不一的伪善者。

我身上的一切可贵之处，毫无例外地来自我以外的别处，并非作为一种天赋，而是一种要不断更换的借据。我身上的所有一切，毫无例外一概是无价值的；在来自他处的各种才华中，当把它们攫为己有时，就立即成为无价值的了。

完美的快乐排除快乐这种感情本身，因为在由对象物充实的灵魂中，没有任何角落可以言说"我"。

在没有快乐时，人们想像不到这样一些快乐，因而缺乏动力去追寻快乐。

失去创造

去除创造：使被造物成为非被造物。

摧毁：使被造物堕入虚无。去除创造的有罪的代用品。

创造是一种爱的行为，它是永久的。我们存在的每时每刻都是上帝对我们的爱。但上帝只能爱自己。他对我们的爱是通过我们去爱他自己。因此，是他赋予我们存在，他爱我们，宁可自己不存在。

我们的存在只是由于他的期待，由于我们同意不存在造成的。

他持续不断地向我们乞讨他赋予我们的存在。他把存在给予我们是为了向我们乞讨它。

不可改变的必然、贫困、绝望、生活需求和耗尽精力的劳作的重负，残忍、酷刑、暴死、折磨、恐怖、疾病——这一切都是神的爱。正是上帝出自爱而离开我们，以便我们能爱他。因为，如若直接沐浴在他的爱的辉映下而没有空间、时间和物质的掩护，我们就会像阳光中的水一样被蒸发掉；就不会有足够的"我"可以为了爱而放弃那个"我"。必然性是上帝和我们之间的帷幕，使我们得以存在。应由我们来戳穿这层幕布以中止存在。

存在一种"神避开"的力量。否则，一切都成为上帝。

人天生具有想像的神性，使他能像基督抛弃真正的神性那样抛弃想像的神性。

弃绝。模仿上帝在创世中的弃绝。从某种意义上讲，上帝拒绝成为任何什么东西。我们应当拒绝成为某物。这对我们是唯一的善。只要我们尚未明白我们有一个底，我们就成为无底之桶。

上升和下降。一位对镜子梳妆的女子并不感到把自己——观望各种东西的无限存在——缩减到狭小空间是一种羞耻。同样，每当把我（社会的、心理的我，等等）提高到尽可能的高度时，人们就会让自己缩减到仅此而已的境地，这是自己价值的极度沦丧。当我被降低时（除非毅力使我在欲望中上升），我们知道自己并非如此。

一位容貌美丽的女人照镜子，她自然会认为自己就是如此。而一位丑妇则会认为自己并非如此。

由天生的官能所把握的一切都是假定的。唯有超自然的爱才立得住。因而，我们是共同创世者。

我们以去除自己的那种方式参与创世。

人们只拥有自己弃绝的东西。人们失去了自己不弃绝的东西。在此意义上，不经由上帝，人们便不能拥有任何东西。

天主教的圣餐。上帝并不仅此一次使自己成为肉身（chair），他每天都使自己成为物以供给人，供人食用。反之亦然，人由于劳累、不幸和死亡而成为物，并被上帝食用。怎么能拒绝这种相互性？

人让自己失去神性。应当脱离这种我们与之共同降临于世的虚假的神性。

一旦明白自己一无所是，为某种目的付出的所有努力就变得微不足道。而为了这个结果，人甘愿吃苦受累；也为了这个结局，人们行动起来，为之祈祷。

我的上帝，让我什么都不是吧。

我一无所是，上帝则通过我而被爱。

低下之事与高尚之事是相似的。由此，受奴役是服从上帝的形象，受屈辱是谦卑的形象，身体之需求是神恩不可抗拒的推动力量的体现，圣人日复一日的悠然自得则是罪犯和妓女消耗时间的形象。

由此,应当寻求最低下的东西作为形象。

让我们身上低下的东西朝下去,以便使高尚的东西朝上去。因为我们是被倒置的。我们生来如此。恢复秩序,便是毁掉我们身上的创造物。

客观与主观的颠倒。

同样,正与负的颠倒,这也正是《奥义书》的哲学含义。

我们出生和生活都是颠倒的,因为我们在罪恶中出生、生活,罪恶是等级的颠倒。第一个行动就是回归。皈依(La con‑version)。

若种子不死……它应该为释放它蕴含的能量而死亡,目的是让其他的组合形成。

同样,我们应当为释放被紧缚的能量而死,以获得可能与事物真实关系相关的自由能量。

做最微不足道的事时,我遇到的最大困难是我所得到的恩惠。因为,这样,我以平常而不引人注目的举动便能砍断树根。不管对旁人之言如何不在意,非凡的行为包含着一种无法摆脱的动力。这种动力是普通行为完全不具备的。做平凡的事遇到异常的困难,这是一种应当感激的恩惠。不应当要求这种困难消失,应该乞求神恩运用它。

一般来说，不要希求任何苦难消失，而是要让苦难改观的神恩消失。

身体遭受的千辛万苦（还有贫乏）对于勇敢的人来说往往是一种耐劳和精神力量的考验。但还有更好的用途。但愿于我并非如此。但愿这些是人间苦难的感性见证。让我以完全被动的方式经受它。不论发生什么事情，我又如何能遇到过于沉重的不幸呢？因为不幸的伤口和不幸所引起的屈辱使人认识人间疾苦，这种认识乃是一切智慧之门。

但是，快乐、幸福、繁荣——若人们善于从中识别外来的因素（偶然性、境遇，等等）——也体现着人间的疾苦。也要运用这种功能。甚至神恩，作为一种可感知的现象……

一无所是，以在大全中找到恰当位置。

弃绝要求人们经受各种焦虑，犹如失去所有亲人、所有财富（包括智性和品格上的能力和成果，对于善和永恒之物的看法和信念）所引起的焦虑。这一切，不应任凭自己失落，而是丧失它——就像约伯一样。但是精力如此这般同其对象物割裂，不应在摇摆中被浪费和销蚀。焦虑应当比在实际的不幸中更为严重，它不应随时间推移而减轻，也不应趋向某种希望。

当爱的激情发展为植物性的能量时,人们就遇到费德拉、阿尔诺尔夫那种情况。"我内心感到应当死去……"

希波吕托斯①对于费德拉的生命来说确实——从最严密的字面意义上说——比食物更重要。为使上帝之爱深入到如此之下,本性必然经受了最大的强暴。约伯,十字架……

费德拉的爱、阿尔诺尔夫的爱是不纯的。可能降临如此底下和纯洁的爱……

成为一无所是直至达到植物的层次;这时,上帝成为面包。

若我们在某个既定时间——同过去和未来相隔断的现在时刻——注视自己,我们便是无辜的。我们在此刻只能是自己:一切进步都意味着时间。这是自然的,此刻,我们就是这样。

在一瞬间中的这种孤立,意味着宽恕。但是,这种孤立是解脱。

人的生命中只有两个完美的赤裸和纯洁的时刻:出

---

① 希波吕托斯(Hippolytus):希腊神话,忒修斯与希波吕忒之子。继母费德拉爱上了他。她以为国王外出已死,对王子希波吕托斯公开表露她的爱情。国王归来使费德拉惊慌失措,便诬陷王子欲对她施暴。

生和死亡。人只有作为新生儿和垂亡者热爱上帝才能不玷污神明。

死亡。即刻的状态，无过去也无未来。进入永恒的必由之路。

若在上帝存在的思想中得到圆满的快乐，就应该在"自己不存在"的认识中得到同样圆满的快乐。只有通过受苦和死亡，这种认识才能成为感性的。

在上帝那里得到快乐。在上帝那里确实有完美和无限的快乐。我的参与并不能增添什么，我的不参与也不会使实现这种完美的和无限的快乐失去什么。从此，我是否参与有何重要性？无足轻重。

渴望灵魂得到拯救的人并不真正相信在上帝那里会有快乐。

相信不朽是有害的，因为我们不可能设想灵魂确实是非物质的。因此，这种信仰事实上是相信生命在延长，它使死亡失去功能。

上帝的在场。应从两方面去理解。上帝作为创世主，自万物存在之时起，他就在一切存在之物中。上帝需要被造物合作的那种在场，正是上帝的在场，并不因为他是造物主，而是因为他是圣灵。最初的在场是创世的在场。其次的在场是失去——创造。（在没有我们的情况下创造了我们的人，不会在没有我们的情况下拯救我们。——圣奥古斯丁）

上帝只有隐蔽起来才能创造。否则，他只有他自己。

神圣性也应当被隐蔽起来，在某种程度上甚至应对意识隐蔽。神圣性应该隐藏在尘世中。

存在和拥有。——人并无存在，他只能拥有存在。人的存在置身幕后，在超自然这一边。他从自身可能认识的东西，仅仅是境遇给予他的。"我"（Je）对"我"（moi）（和他人）来说是隐蔽的；这个"我"（Je）在上帝那一边，他在上帝之中，就是上帝。骄傲，就是忘记自己是上帝……帷幕，就是人的苦难；甚至对于基督也有帷幕。

约伯，上帝的撒旦：他不惜代价地爱你吗？这里说的是爱的层次。爱处于羔羊、麦田、多子女的层次上？或更进一步处在第三维中，在后面？不管这爱有多深，总有中断的一刻，爱在这一刻屈服了，这是改变的时刻，从有限趋向无限，使灵魂对上帝的爱在灵魂中变成超越的。这是灵魂的死亡。不幸先于灵魂死亡的人降临在躯体上！没有充满爱的灵魂的死亡是恶死。为何这样的死亡应该毫无例外地降临？应该如此。一切都应毫无例外地降临。

外表同存在贴合，只有痛苦才能将两者分开。
谁拥有存在，谁就不能拥有外表。外表束缚着存在。
时光的流逝使表象脱离存在，又强行使存在脱离表象。时间表明它并不是永恒的。
必须自我拔根。砍倒树，把它做成十字架，然后每天都背负着它。

不应当成为我（moi），更不应成为我们。
城邦使人感到温暖如家。
在漂泊中要有归家之感，
在漂泊不定中扎根。

从社会与植物的角度进行自我拔根。
脱离整个尘世家园。
从外部把这一切施于他人，就是去除创造的代用品，是制造不真实。
但在自我拔根中，人寻找更多的真实。

隐　没

上帝赋予我存在，目的是要我把存在交还给他。这就像在传说和秘传故事中经常见到的类似陷阱的那些考验。若我接受这种赠与，结果将会是糟糕、致命的；品行由拒绝显现出来。上帝允许我在他以外存在。由我决定拒绝这种命令。

屈辱，便是拒绝在上帝之外存在。此乃诸多品行之首。

自我，只是要阻挡上帝光辉的罪恶和谬误保护的阴影，我视之为存在。

即使可成为上帝那样，最好还是成为服从上帝的泥团。

当我闭上眼睛，用小棒尖触摸桌子时，小棒对于我就像对于基督一样。我们有可能成为上帝和托付给我们的那部分创造之间的中介。上帝必须得到我们的赞同，才会通过我们去感知他自己的创造。在我们的赞同下，上帝创造绝妙之物。只要我会退出自己的灵魂，我面前的这张桌子便会有被上帝看到的那种无与伦比的荣幸。上帝在我们身上所爱的只能是这种自愿隐退，为的是让他自己通过。正像上帝本身，他作为造物主，自己隐没以让我们存在。这双重的行为除了爱，并无其他意义，正像父亲在自己孩子的生日之际，给予他可作为礼物的东西。上帝不是别的，只是爱，上帝除了爱并没有创造别的。

我所看到、听到、呼吸到、触摸到、吃到的一切，我所遇的所有人，在同上帝的接触中我要丢掉所有这一切，只要我身上还有什么东西说"我"，我就要上帝不接触这一切。

我能为这一切并为上帝做些事情，也就是自我隐退，尊重单独会面。

一丝不苟地尽到纯粹人的职责是我得以隐退的条件。把我拴在原地并阻止我引退的绳索正在逐渐磨烂。

我无法设想上帝必然爱我，而且，我清醒地感觉到，即使在人身上，对我的爱只能是一种误会。但是，我不难想像，上帝爱只有在我的位置上才会有的那种创造的远景。但我造成了屏障。我必须隐退以使上帝能看到这远景。

我必须消失，上帝才能够接触到命运安排在我的道路上并被他爱的人。我的在场是不合时宜的，就像插在两个情侣和两个朋友之间。我并不是等待未婚夫的年轻姑娘，而是同两位未婚夫妇在一起的不知趣的第三者，因此应当离去，让他们真正相守在一起。

若我能消失，就会有上帝与我在其中行走的大地、我聆听的大海之间完美的爱的结合……

我身上具有的精力、天赋等等，又有何用？我受够了，可以消失了。

死亡，在我劫取光明的眼中，
把纯洁还给被双眼玷污的白昼……

让我消失吧，以使我看见的一切变得更美好，因为它们将不再是我之所见了。

对这被造的世界，我丝毫不渴求它于我不再是可感知的，而是渴望它不再因我而成为可感知的。它不能告诉我它自己的秘密，因为这秘密太重要了。让我去吧，造物主和造物就会互诉自己的秘密。

当我不在时，看看这原原本本的风景……

当我在某处时，我的呼吸、我的心跳，会玷污天上和地下的宁静。

必然与服从

太阳照耀着正义者和不义者……上帝成为必然。必然的两面：行使必然和承受必然。阳光和十字架。

甘愿服从必然，在运用必然中行动。

从属：节约精力。多亏了从属，英雄主义行为，施令者和听命者都不需要当英雄。
去接受上帝的指令。

无论在什么情况下，对诱惑的斗争耗尽依恋善的精力；又在何种情况下，这种斗争使它在品质的等级中升迁？
这当然取决于意愿和专注各自的重要的作用。
由于爱，应当承受束缚。

服从是至高无上的品行。热爱必然。对于个人而言，必然便是最卑微的东西（束缚、暴力、"严峻的必然"）；普遍的必然使之解脱。

在一些情况下，某件事是必然的，仅仅因为它是可能的。这样，人饿了就吃，给一名渴得要命的伤员饮水，因为水就在身旁。无论是盗匪还是圣人，都不会不相助。

以此类比，要识别可能性包含着必然的各种情况，尽管乍看时并非一目了然。在这些情况下，而不是在其他情况下行动。

石榴子。人们不担保自己去爱上帝，人们同意在无自身的自身中所作的担保。

在品德行为方面，只做情不自禁要做的事，做不能不做之事，但是要始终注意去多做不能不做的德行。

不可逾越上帝推动我们担负的不可抗拒的使命，即使是朝着善。这体现在行动、言语和思维中。但要做好在他的推动下奔赴任何地方的准备，直至走向极限（上十字架……）。最大限度地做好准备，就是祈祷上帝推动自己走向未知的地方。

如若我的永恒拯救以某种物的形式出现在这张桌子上，并且伸手可得，但若没有得到上帝的指令，我还是不会伸手。

摆脱行为的结果。摆脱这种宿命。如何摆脱呢？

行为，不是为了某种目的，而是出于必然。我不可能有其他作法。这不是行动，而是被动性。无行动的行为。

从某种意义上讲，奴隶是楷模（最卑贱的……最崇高的……始终是同一种规律）。物质也同样。

把行动的动机置于自身之外。被推动。完全纯洁的（或是最卑劣的：总是同一种规律）动机显现为外部的。

对任何行为，都要非目的地看待，而不是从冲动方面来看待。不要问：为何目的？而要问：这是从何而来？

"我曾赤身裸体，是你为我穿上了外衣。"这种天赋只是那些人在其中这样做的处境的标记。他们处于这样的境地：他们不由自主地给饥饿者以食物，为赤身裸体者穿上衣服。他们做这一切，绝非为了基督，他们情不自禁地做这一切，因为他们有基督的同情心。正像圣尼古拉（St. Nicolas）同圣卡西安（St. Cassien）一起穿过俄罗斯草原去赴上帝之约，最终却错过了约会时间，因为他帮助一位农民把车拖出泥潭。几乎身不由己地、怀着羞辱和懊悔去做的善行是纯洁的。一切绝对纯洁的善都完全不受意愿支配。善是超越的。上帝即善。

"我饥饿时，您救了我。"主啊，在什么时候？他们并不知道。不应该知道。

不应该为了基督——而应该由基督——去救助他人。

让"我"消失吧，以使基督通过我们的灵魂和躯体构建的中介去救助他人。去做奴隶吧！主人派奴隶去救助这样的不幸者！救助来自主人，但针对的是不幸者。基督不曾为天主而受苦。他顺从天主意愿为人类受难。

不能说前去救助他人的奴隶是为主人。他什么也没做。即使当他赤脚在钉板上走去救助不幸者而受苦时，他也什么都没有做。因为他是奴隶。

"我们是无用的奴隶"，也就是说，我们什么也没做。

总而言之，"为了上帝"是一种不恰当的说法。上帝不应作为指定者。

不是为了上帝去救助他人，而是在上帝的推动下前去救助他人，一如脱弓之箭飞向靶子。

在不毛之地和被开垦过的土地之间，在问题的素材和答案之间，在白纸和诗歌之间，在饥饿的不幸者和得到温饱的不幸者之间，他只是一个中介。

在一切事物中，唯有来自外部的、无偿的、出乎意料的、一如命运恩赐而非刻意寻求的东西，才是纯粹的快乐。同样，真正的善只能来自外部，从来不是出自我们的努力。无论在何种情况下，我们都不能制造某种优于我们的东西。因此为善做出的实际努力是不会有结果的；正是在长期、无果、最终令人绝望的紧张努力之后，当人们不再期待什么的时候，恩赐像绝妙的惊喜从外部降临。这种努力摧毁了我们身上一部分虚假的完满。比完满更充实的上帝的虚空来到我们身上扎根。

上帝的意志。如何去得知？若在自身保持沉默，若使所有的欲望，所有的意见无声无息，并且怀着爱心，以自己整个灵魂默默沉思："愿你的意志能够实现"，然后就确定无疑地感到应该去做的（即使在某些方面这可能是错误的），就是上帝的意志。因为，若向上帝要面包，他不会给石头。

标准是协调一致的。理性以多种不同的、协调一致的动机支持一种行为或姿态，但是人们感到它超越了各种可表象的动机。

不应企图在祈祷中得到任何个别之物，除非超自然地获得灵感。因为上帝是普遍的存在。当然，他降临到个人身上。他下降，降临到创世的行动中；同样，降临到肉身化、圣事、启示等等上面。但这是一种降临的运动，从来不是上升的运动，是上帝的而不是我们的运动。我们只能按上帝给我们的旨意进行这样的联系。我们的作用是朝向普遍。

也许，这正是解决贝尔热[①]关于无法把相对与绝对联系起来的难题的途径。通过上升的运动是不可能解决的，

---

① 贝尔热（G. Berger, 1895—1960）：法国哲学家。

但通过下降的运动则有可能。

永远无法得知上帝统约这样的事情。不管做什么，若把上帝高置在自身之上，服从上帝的意图就使人得救；而不管做什么，

若把上帝当作自己的心，那就会下地狱。在前一种情况下，人们从不去想在自己曾经做过的、正在做的或将要做的事情中什么是善。

诱惑的使用。这用于灵魂和时间的关系。长时间地注视一种可能的恶而并不去作恶，就会发生质变①。若以有限的精力抵御它，在既定时间内就会精力耗尽，而一旦耗尽，人就会让步。若静止不动和全神贯注，诱惑就会消失殆尽——而人就汇聚可以恢复的精力。

若以同样方式（静止不动和全神贯注）凝视一种可能的善，也会发生精力的质变，而多亏有了这种质变，人们才可行善。

精力的质变在于：对于善行来说，会出现这样不能不去行善的时刻。

由此产生善与恶的标准。

每个能够完全服从的造物，构成了上帝在尘世中的在场、认识和行动的独一无二、不可替代的模式。

---

① Transsudbstantiation，原指面包和葡萄酒变成耶稣的身体和血。

必然。把物和自身（包括人们自身所包含的目的）的关系视为终极之一。行动由此自然而然地产生。

服从：有两种服从。服从于重负或物的关系。在第一种情况中，人们做的事情是由填补虚空的想像驱使的。可以煞有介事地给这些事插上各种标签，包括善和上帝。若是中断填补虚空的想像，若把注意力集中在物的关系上，便会出现人们不能不服从的必然。至此，人们尚无必然的概念，也无服从的感情。

此时，即使是做了天大好事，人们也不会为自己完成之事而沾沾自喜。

布列塔尼的见习小水手在回答记者他如何完成这一切时说："应该这么做！"这是最纯粹的英雄主义。这种英雄主义在百姓中比在其他人群中要多。

服从是唯一纯粹的动机，唯一在任何程度上都不要求获得行为回报的动机，它把得到回报的要求留给暗中隐藏、暗中观察的天父。

条件是：服从必然，而不是服从束缚（在奴隶身上是可怕的虚空）。

不管人们自愿给予他人或某个伟大对象什么东西，不管人们经受何种苦难，如果是由于服从物的关系的明确概念，并且服从必然，就能毫不费力地做出决定，虽然为了完成它需做出努力。人们别无其他选择，而且不会有任何回报，不会填补任何虚空，无任何报答的欲望，无怨恨，亦无卑怯。

行为是天秤的指针。不应触碰指针，而是触碰砝码。
对于见解也完全一样。
从此，或是混乱或是受苦。

轻佻的女人。——这意味着在意识到要做出选择的时候，选择已经做出——从这个意义上或别种意义上说，比有关赫库勒①的恶行和德行的寓意更加真实。

当一个人的本性已同一切肉体的冲动割断，并且被剥夺了一切超自然的光，却能做出完全符合超自然光——如果这种光存在的话——所要求必须做到的事情，这就是圆满的纯洁。这就是耶稣受难的核心。

同上帝的正确关系是在静思中的爱，在行动中的奴隶。不可混淆。怀着爱静思，像奴隶一样做事。

[参见柏拉图，《理想国》，第6卷。——原编者]

---

① Hercule，希腊神话中的英雄，在罗马神话中叫赫丘利。

错 觉

人们追求某事物，是因为觉得它好；而依附于它，是因为它已变为必需。

可感之物作为有感之物是真实的，但作为财富则是不真实的。

外表具有完满的现实性，但只作为外表而已。作为非外表的他物，它是一种谬误。

有关尘世事物的错觉并不涉及其存在，而涉及其价值。洞穴的形象同价值相关。我们只拥有模仿善的影子。相对于善来说，我们是被俘获、被束缚的（依恋着）。我们接受在我们面前显现的虚假的价值，当我们以为在行动时，实际上我们静止未动，因为我们依然处在同样的价值体系中。

确实已完成的还是想像的行为。一个人自杀了，他解脱了，然而他并不比以前更为超脱。他的自杀是想像的。自杀始终是想像的，因此自杀被禁止。

时间，确切地说并不存在（除非作为限定的现时），然而我们屈从的正是时间。这就是我们的处境。我们屈从于并不存在的东西。不管是被动经受煎熬的时间（肉体的痛苦、期待、遗憾、懊悔、担心）或是被使用的时间（秩序、方法、必然）——在这两种情况下，我们都是屈从，但是这却是不存在的东西。而我们的屈从是存在的。我们确确实实被非现实的锁链束缚着。非现实的时间，以非现实性掩饰着一切事物和我们自身。

对于守财奴来说，财宝就是模仿善的影子。财宝具有双重的非现实性。因为手段（钱财），作为一种手段已不是善，而是他物。财宝脱离其作为手段的功能被当作目的时，离善就更远了。

相对于价值判断，感觉是非现实的；事物作为价值，对我们来说是非现实的。但是，一种虚假的价值从属于某物，也会使对该物的感知失去现实性，因为它使感知淹没在想像中。

因此，唯有完全的超脱才能使人透过骗人的价值的迷雾看到赤裸的事物。因此，必须有溃烂和厩肥，才能使约伯得知世界之美，因为若没有痛苦就没有超脱。而没有超脱，也不会毫无怨恨、诚实无欺地承受痛苦。

把头伸出天空的灵魂吞食存在。
内在的灵魂吞食见解。

必然从根本上说同想像互不相干。

在感知中是现实的并把感知同梦幻区分开的东西，并不是感觉，而是包裹在感觉中的必然。
"为什么是这些东西，而不是其他？"
"原本如此。"
在精神生活中，错觉和真实以同样的方式被区分开来。

在感知中是现实的并且把感知同梦幻区分开的东西，并非感觉，而是必然。

把留在洞穴中、闭着眼睛想像旅行的人和真在旅行的人区别开来。在精神中，也有现实和想像之别，在此，必然要做出区分。不是简单地谈痛苦，因为有想像的痛苦。至于内在的感情，没有比这更具有欺骗性的了。

如何在精神领域区分想像和现实？
宁要现实的地狱，也不要想像的天堂。

区分上述和下面的状况的东西，正是在上述状况中并存的数个重叠的层面。

屈辱的目的是取消想像在精神上的进展。设想自己远不如实际上那样先进，这没有任何不当：光的效果并不因此而减弱，意见并不是效果产生的根源。许多人自以为更先进，那是因为舆论产生了效果。

现实有一种标准，因为现实是艰难和坎坷的。我们从中可找到的是快乐，而不是乐趣。愉悦是幻想。

设法不带想像地去爱。不加解释地去爱赤裸的外表。这时人们所爱的，才真正是上帝。

人们在经历了绝对的善之后，又发现了幻想的和部分的善，但这是在等级秩序之中，这种等级秩序使人们只能在出于关心他人的许可范围内寻求这种善。这秩序相对于它所连接的善而言是超越的，这是绝对善的反映。

推论的理性（各种关系的知性）已有助于解决偶像崇拜，它把善和恶视作有限、混杂、相互交叉的。

辨别出善转向恶的拐点：作为什么，在什么程度上，针对什么等。

走得比三率法更远。

问题始终是与时间的关系。丢掉拥有时间的错觉。道成肉身。

人应行使道成肉身的权利，因为人由于想像而脱离了身体。我们身上源于撒旦的东西便是想像。

治疗想像的爱的药物。给予上帝自身最起码的一点，即绝对不能拒绝他——并且渴望有一天，这最起码的一点尽早变成全体。

移植：以为自己上升，因为在保持同样低下的习性的同时（例如，渴望胜过他人），人们赋予这些习性更高的对象物。

相反，若把升高的习性系于低下的对象物，人们就会上升。

在所有狂热中都有奇妙之事。赌徒会像圣人一样地熬夜、守斋，他会有预感，等等。

像赌徒嗜赌一般去爱上帝，这是极危险的。

注意无限所处的层次。如果把无限置于只有有限才适合的层次，那叫它什么名字就无关紧要了。

我自身的卑下部分应该爱上帝，但不应过分。如果过分，就不是上帝。

让我自身的卑下部分如饥似渴地去爱吧。唯有最高尚者才有权利得到满足。

圣十字架若望 ①畏惧上帝。是想到上帝而又觉得有愧于上帝而感到畏惧吗？惧怕自己由于不恰当地思念上帝而玷污了上帝？由于这种畏惧，卑下的部分远离上帝而去。

肉体是危险的，因为它拒不热爱上帝，还因为它居然想不露声色地爱上帝。

为什么与偏见斗争的意愿是已浸透着偏见的确定的信号呢？这种意愿必定来自于某种困扰，因为要摆脱困扰，这种意愿组织力量，但却完全无效。在这样的事情中，关注之光是唯一有效的，与论战的意图不能相提并论。

整个弗洛伊德主义浸透着它欲铲除的偏见，即凡涉及性的东西都是下贱的。

将"爱"和"欲"——性的潜能构成其生理基础——的功能转向上帝的神秘主义，以及对神秘主义虚假的模仿——任凭这种功能天然发展，并赋予它某种想像的对象物，却给对象物贴上上帝的标签——，这两者之间有着根本差别。鉴别这两种行动——其中后者比淫荡更低贱——很困难，但却是可能的。

---

① 圣十字架若望（Saint Jean de la Croix, 1542—1591），西班牙宗教人士，与圣女特雷莎同时代，创建加尔默罗男修道院。他的著作《上加尔默罗山》《灵魂的黑夜》《爱的活火》《神魂与基督间的神歌》等，被誉为玄奥神学的一流作品，1926年，教会册封若望为圣师。

上帝与超自然无形地隐藏在天地之中。二者都无名地隐藏在灵魂中，这是件好事。否则，有可能在想像名下（为基督提供食物和衣着的人并不知道这是基督）。古代奥秘的意义就在于此。基督教（天主教和新教）过多地谈论圣物。

道德和文学。我们的现实生活有四分之三以上的部分是由想像和虚构组成的。绝少真正与善、恶的现实接触。

不能让我们接近上帝的科学一文不值。

但若它让我们接近想像中的上帝，那就会更糟糕。

若认为我是自然在我自身中机械造成的东西的作者，那是有害的。但是，若认为圣灵是创作者，那就更糟。那会离真实更远。

对立面之间关联和过渡的不同类型：

出于对伟大事物（包括上帝）的无比忠诚，准许自身做卑下之事。

通过在自身和伟大事物之间无限距离的瞻望，把自己变成伟大之物的工具。

以何种标准来区别它们？

我认为，唯一的标准是，坏的关联使不该受限制的东西变成不受限制的（illimite）。

在人类（除了神圣和天才的最高形式）之中，给人造成真实印象的东西几乎总是假的，而真实的东西几乎总给人以虚假的印象。

为表达真实，必须付出辛劳。接受真实也一样。若无辛劳，人们表达和接受虚假，至少可说是肤浅的。

当真实似乎至少同虚假一样可信时，那是神圣和天才的胜利。因而，圣弗朗索瓦（St. Francois）像一位庸俗而做作的布道者一样使听众为之落泪。

期限，对于文明来说是以世纪计数，对于个人来说是以年、数十年计数，它具有一种不适者消亡的达尔文式的功能。适应一切的东西永存。人们称之为经验的东西的价值就在于此。谎言是一种保护层，通过它，人常常使不适者得以经历各种事件而幸存，若无这保护层，不适者会被扼杀（如使傲慢得以在经历屈辱后幸存），而这层保护似乎是由不适者渗出的东西，用以防范危险（在屈辱中，傲慢使内在的谎言越来越大）。灵魂具有一种类似吞噬的作用；受时间威胁的一切渗出谎言以免一死，这同死亡的危险成正比。因此，若不是无保留地同意去死，便不会有对真实的爱。基督的十字架是通往认识的唯一大门。

把我犯下的每个罪过视作上帝的恩惠。在某日、某时、某种境况中，隐藏在我自身深处的根本缺陷在我眼前部分显现，这是一种恩惠。我渴望并祈求我的缺陷能全部在我眼前显现，一如人类思想的注视所做的那样。并非为了弥补缺陷，而是为着即使缺陷得不到到弥补，我还真实地存在着。

所有无价值的东西都逃避光照。人可以借肉体在尘世隐藏。死后，就办不到了，于是就把自己赤裸裸地交付给光照。根据不同情况成为地狱、炼狱或天堂。

使人在接近善的努力面前退却的，正是肉体的厌恶，但并不是肉体在努力面前的厌恶。而是肉体面对善的厌恶。因为对于一件坏事来说，如果推动力相当大，肉体便会什么都接受，肉体明白能这样做不会有死亡威胁。为一件坏事去死，死亡本身对于灵魂的肉体部分来说，就不是真正的死亡。对灵魂的肉体部分致命的，是单独面对上帝。

因此，我们躲避内心的虚空，因为上帝有可能潜入其中。

不是因为寻欢作乐和厌恶努力产生犯罪，犯罪是因为畏惧上帝。我们知道，人若不死就不可能面见上帝，但人们并不愿意死。我们知道，罪恶极有效地使我们避免同上帝相见：我们犯罪，仅仅是快乐和痛苦施以必要而轻微的推动所致，尤其是给我们提供了更必要的借口和托辞。正如发动非正义战争时要找借口，犯罪也要找虚假的善行，因为人们无法支撑自己趋向恶的想法。使我们远离上帝的，并非肉体，肉体是为在我们和上帝之间制造屏障而设的帷幕。

也许只是从某个观点出发才是如此。洞穴的形象表明了这一点。首先，使人痛苦的是行动。当走到洞口时，便见到光照。光照不仅使人睁不开眼，还让人受伤害。眼睛反对光照。

自此刻起，人才可能犯下致命的罪过，不是这样吗？用肉体躲避光照，这不是致命的罪过吗？可怕的想法。更像麻风病。

我需要上帝把我强行拉走，因为，若此时死亡把肉体这道屏障撤走，会使我面对上帝，我将逃之夭夭。

偶像崇拜

偶像崇拜产生于对绝对善的渴望,人们并不拥有超自然的注意力,因而没有任其发展的耐心。

若没有偶像,那每天或几乎每天都会白白受累。若无超自然的食粮,就无法做到。

崇拜偶像因此是洞穴中生命攸关的需要。即使在最优秀者那里,偶像崇拜也不可避免地紧紧束缚智慧和善心。

思想是变化的,屈从于激情、幻想和劳累。活动应当持续下去,每天许多时间在继续着。因此,必然要有不受思想控制,即不受关系控制的活动动力,那就是偶像。

所有的人都准备着为自己之所爱而死。他们的差别只是由于所爱之物的层次以及爱的集中或分散。没有人不自爱。

人要变得自私,却不能够。这是人类贫困最显著的特点，也是人类伟大的根泉。

人始终忠实于一种秩序。只不过，除了超自然的感悟，这种秩序的中心就是它自身，或是某个（可以是抽象之物）转移到其中的个别的人（拿破仑以他的士兵为中心，科学、党派等等）。透视的秩序。

·我们无须获取屈辱。它就在我们身上。只不过，我们在虚假的诸神面前卑躬屈膝罢了。

爱

爱是我们贫贱的一种标志。上帝爱的只可能是他自己。而我们爱的只可能是另外的事情。

并不是因为上帝爱我们,我们应当去爱上帝。而是因为上帝爱我们,我们应当爱自己。若无此动机,又如何自爱?

若无此转折,人的自爱是不可能的。

若我的双眼被人蒙住,双手被缚在棍子上,这根棍子把我与诸物分开,但我用它去探索诸物。我只感觉到这根棍子,只感知到这面墙。造物对于爱的功能来说也同样。超自然的爱只触及造物,只趋向上帝。超自然之爱只爱造物(我们有什么其他东西要爱的吗?),但是是作为中介来爱的。它也以此名义爱所有的造物,包括自身。像爱自己那样爱一个陌生人,这意味着爱自己就像爱陌生人一样,两者是对等的。

当人对欢乐和痛苦怀有同样的感恩之心时,他对上帝的爱就是纯洁的。

在幸福的人看来，爱就是愿意分担不幸的被爱者的痛苦。

而对不幸的人来说，爱就是因得知被爱之人快乐而心满意足。但他自己却不分享快乐，也没有分享快乐的愿望。

在柏拉图看来，肉体之爱是真正爱情的蜕化形象。纯洁的人类之爱（夫妇的忠贞）就是不那么卑微的爱的形象。升华的观念只由于当时的愚蠢而生。

费德拉（Phèdre）的爱。它既不会施暴也不接受暴力。这是独一无二的纯洁之所在。同利刃剑接触——不管是剑柄还是剑尖——都包含着同样的污迹。冰冷的利剑并不会使爱人者失去爱，而是使他感到被上帝抛弃。超自然的爱同暴力无任何接触，但它也保护不了灵魂去抵御冰冷的暴力和武器。唯有对尘世的依恋——如果这种依恋包含足够的力量——才能保护它抵御冰冷的武器。护身甲同利刃剑一样是金属制的。谋杀使以纯洁的爱去爱人者的灵魂变得冰冷——无论主谋还是受害者，还是虽未造成死亡而造成暴力的一切。若渴望爱保护灵魂不受伤害，应该爱的是与上帝不同的其他。

爱欲总是走得很远很远。但是爱是有界限的。超过界限，爱就会转变成为恨。为避免这种转化，爱应成为他物。

在人中间，人们能完全认识的只有他们所爱之人的存在。

笃信其他人的真实存在就是爱。

精神并没有被迫相信任何东西的存在（主观主义、绝对理想主义、唯我主义、怀疑主义——看看《奥义书》、道家学说和柏拉图，这些学说为达到纯洁净化，都采用了这种哲学态度）。因此，接触存在的唯一手段是接受，是爱。因此，美和现实是同一的。因此，快乐和现实感是同一的。

成为人们所爱之物的造物主，这种需要是模仿上帝的需要。但是，这是一种渴望虚假的神圣，除非求助从天的另一边见到过的模式……

造物的纯洁的爱，不是对上帝的爱，而是上帝通过——就像火通过那样——的爱。这样的爱完全摆脱造物而上升到上帝，又从上帝那里降临，与上帝造物主的爱互相结合。

这样，撕裂着人之爱的两个对立面就结合起来：如实地爱被爱者，并再造他。

对于造物的想像的爱。人们用一根绳子连接所有的依恋之物，而绳子总会被磨断。人们也用一根绳子连接想像中的上帝，对于上帝，爱就是一种依恋。但是，人们并不同实在的上帝相连，因此，并不存在被磨断的绳子。实在的上帝，唯有实在的上帝才能深入到我们心中。其他一切都在我们身外，当它们或我们发生位移时，我们从中认识的，只不过是绳子上的刻度和不同方向。

爱需要实在。通过有躯体的外表去爱想像中的人，一旦被人察觉，还有什么比这更为残忍的呢？这比死亡更残忍，因为死亡并不妨碍所爱的人曾经存在。

这是对以想像去爱——这种罪过——的惩罚。

从我们所爱的人那里寻求（或想给予他们）有别于艺术作品给予我们的某种慰藉，那是胆怯，艺术作品有助于我们，仅因为它们是存在的。爱，被爱，这只是使这种存在相互变得更具体，更经常地呈现在脑海中。但是这种存在应当作为思想的源泉在场，而不是作为思维的对象在场。若说渴望得到理解有其理由，这并非为自身，而是为他人，是为他人而存在。

我们身上一切卑劣或平庸的东西都抗拒纯洁,并为挽救自身而需玷污这种纯洁。

玷污,就是更改,就是触摸。美,是人们无法改变的东西。对它施威,便是玷污。占有,便是玷污。

纯洁地去爱,就是接受距离,就是酷爱自身和人们所爱之物之间的距离。

想像总是同欲望也就是同价值相连。唯有无对象物的渴望才没有想像。在想像没有掩饰的事物中,总有上帝的真实在场。美捕获了我们身上的渴望,并使它失去对象物,同时赋予它某种眼前之物,以此阻止它奔向未来。

这就是纯洁的爱的代价。一切享受的欲望都在未来、幻觉之中。欲求某人存在,他就存在,这样的想法是不对的,若如是,还能欲望什么呢?被爱者是赤裸、实在的,并未被想像中的未来遮蔽。看着自己的财宝,守财奴从来都难以抑制自己一次又一次地想像自己的财富越变越多。只有死亡,才会看到赤裸的东西。

这样,在爱之中,有没有纯洁存在,取决于欲望有没有被引向未来。

从这个意义上讲,对死者的爱若没有被引向根据未来模式构想的虚假的不朽,那就是完全纯洁的。因为这是对不可能再给出任何新东西的有限生命的欲望。人们渴望死者曾经存在,死者确实存在过。

只要精神不再是原则，它也就不再是目的。由此造成各种形式下的集体"思想"、常识和丧失对灵魂意义和尊重之间的紧密关联。灵魂，就是被视作自身具有某种价值的存在。爱一个女人的心灵，就是不根据自己的欲望去想这个女人，等等。爱不再会默思，爱要占有（柏拉图式的爱已消失）。①

若自己都看不清楚自身，就渴望被人理解，那绝对是错误的。这是在友谊中寻求乐趣——不值得的乐趣。这是某种比爱更有腐蚀力的东西。你会为友谊出卖灵魂。

你要学会拒绝友谊或对友谊的梦想。渴望友谊大错特错。友谊应是一种无用的快乐，就像艺术或生活给予人的那种快乐。必须拒绝友谊才配得到它，友谊类似神恩（"上帝呀，您离我远一点……"）。友谊是额外给予的那类东西。应该粉碎任何对友谊的幻想。你从不曾被爱，这并非偶然……渴望逃避孤独是一种胆怯行为。友谊是不能寻求、不能幻想、不能渴望的；友谊是体现出来的（这是一种品德）。应去除这种不洁、混浊的感情边缘。Schluss！②

或确切地说（因为不应过分严厉地苛求自己），在友

---

① 这种"柏拉图式"的爱同今天用此称呼的东西无任何关系。它并不来自于想像，而是源于心灵。它是纯粹的精神的凝视。参见后面《美》一节。——原编者注

② 原文德文，意为：停止，结束……

谊中没有转化成实际交换的,应转换成审慎的思考。放弃友谊具有的启迪性的品质,是完全无益的。应严加禁止的是幻想得到感情享受。因为那是堕落。幻想音乐或绘画,同样是蠢举。友谊和美一样,并不愿脱离现实。它同美一样是一种奇迹。而奇迹仅仅在于友谊存在着。25 岁,早已到了同青少年时代彻底告别的时候了……

别让你自己因任何友情而进监狱。防止你的孤独。当真正的友情有朝一日降临于你的时候,在内心的孤独和友谊之间,就不会产生对立,而是相反。正是根据这种万无一失的标记,你会认出这种友情。其他的友情应当得到严格的规范。

同样的话(例如,男人对他的妻子说:我爱你)根据说话方式的不同,可能是庸俗的或是不寻常的。而说话的方式取决于人所处区域的深度,话语正源于此处,而意愿是无能为力的。鉴于一种绝妙的配合,在听的人身上,话语将触及同一区域。这样,听者若有辨别力,就能识别这些话语的价值。

善行之所以被应许,是因为善行是比痛苦更伟大的屈辱,一种对依赖的更为内在也更不容置疑的考验。感激也因此是必然的,因为这是得到恩惠后的习惯做法。然而,这应该是对命运而不是对某个特定的人的依赖。

因此，施恩者有义务对被施恩者完全隐姓埋名。感激在任何程度上都不应当是一种依恋，因为这是犬儒的感激。

感激首先是救助者的行为——倘若这种救助是纯洁的。只是由于相互性，感激才归于受惠者。

为感受一种纯真的感激之心（友谊这种情况另作别论），我需要想到：别人善待我，并非出于怜悯，出于同情，或是由于任性，作为一种恩惠或是特权；也不是由于气质上的天生的结果，而是出于这种欲望，即做正义要求之事。因此，善待我者就会希望所有处于我这种境遇的人都得到所有处于他那种境遇的人的善待。

恶

创造：通过恶，善被撕成碎片，散落下来。

恶不受限制，但恶也并非无限。唯有无限才限制不受限物。

恶的单调：无任何新的东西，一切在恶中都价值相等。没有任何东西是真实的，在恶中一切都是想像的。

正由于这种单调性，数量才起到如此重要的作用。拥有许多女人（例如唐·璜）或拥有许多男人（例如塞丽曼娜①）等。恶注定具有这种虚假的无限性。这正是地狱所在。

恶，即许可，因此它是单调的：在恶之中，必须从自身汲取一切。但是，创造并不属于人。模仿上帝是不良企图。

不认识也不接受这种创造的不可能性，是许多谬误

---

① Célimène，莫里哀作品《厌世者》（Misantropc）中的年轻寡妇，身边围着众多的求爱者。

的根源。我们应模仿创造的行为，有两种可能的模仿——一种是现实的，另一种是表面的——保存和摧毁。

在保存中没有"我"的印迹，在摧毁中却有。"我"通过摧毁在尘世留下标记。

文学和道德。想像的恶是浪漫、多样的，实际的恶是沉闷、单调、贫乏、令人生厌的。想像的善令人厌烦，实际的善总是新鲜、美妙、令人陶醉的。因此，"想像文学"令人生厌，或者说是不道德的（或是两者兼有）。只有通过艺术手段，过渡到现实这一边，它才可摆脱这种轮回——而这，只有天才才能做到。

某种低下品德是善退化的形象，应当为此悔过，但这比对恶悔过更加困难。伪善者和贪婪的商人。

作为恶的对立面，在某种意义上，善与恶和所有的对立物一样，都是对等的。

恶所残暴的，并不是善，因为善是不可残暴的；只有退化的善才可受到残暴。

直接同恶相对立的，永远不是高层次的善，往往比恶高不了多少！例如：资产者对财富的窃取和尊重；淫妇和"正派的女人"；节俭和奢侈；欺骗和"诚实"。

善在根本上有别于恶。恶多种多样，是零零碎碎的，而善则是完整如一；恶是表面的，善是神秘的；恶在于行动，善在于非行动，在于无作用的行动，等等。处于恶的层次并同恶相对立——如同对立物的相互对立——的善，是刑法意义上的善。在此之上，还有一种善，从某种意义说，它更像恶，而不是善的这种低级形式。这使许多蛊惑人心和令人厌烦的荒悖滥调成为可能。

以定义恶的方式定义的善应当被否定。恶否定了它。但恶的否定并非理所当然。

在注定作恶者身上是否存在不可调和的邪恶？我不相信。邪恶屈从于重负，因此在恶中并无深度，亦无超越。

人只有在行善之中才能获得善的体验。

人只有制止自己作恶才能体验到恶，或者，若已经作了恶，只有对此感到后悔才会对恶有所体验。

人作恶时，并不认识恶，因为恶躲避光亮。

人们想像的那种恶，在人并不作恶时是否存在？人所作的恶是否某种简单、自然、非此不可的东西？恶类似于幻觉？幻觉，当人身受其害时，感觉不到它是幻觉，而感觉它就是现实。恶，大概也同样。恶，当人身处其中时，感知不到这是恶，而感觉到这是必然或责任。

一旦作恶，恶就显现为某种责任。大多数人在做某些坏事和做其他一些好事时都怀有责任感。同一个人会感到卖东西尽可能贵和不偷盗都是自己的责任。在他们那里，善处在恶的层次上，是没有光亮的善。

受苦的无辜者的敏感和可感知的罪行（crime）一样。真正的犯罪是不可感知的。受苦的无辜者深明有关他的刽子手的实情，而刽子手并不明白。无辜者自身所感知的恶存在于他的刽子手身上，但是它在刽子手身上并不是可感知的。无辜者只能把恶认知为痛苦。在罪犯身上不可感知的东西，正是犯罪。在无辜者那里不可感知的东西，就是无辜。

能感知地狱的，正是无辜者。

我们身上带着的罪恶（Le peche）离开我们，散布到外面，并以罪恶的形式传播开来。这样，当我们恼怒时，我们周围的人也发火。还有自上而下的传播：愤怒会引起恐惧。但是在与纯洁无瑕的人接触时，会发生一种转移，使罪恶变成痛苦。这就是正义者以赛亚、上帝的羔羊的作用。这就是拯救的痛苦。罗马帝国的全部罪恶的暴力撞到基督，在基督身上变成纯粹痛苦。恶人正相反，把单纯的痛苦（如疾病）变成罪恶。

也许，由此造成的拯救的痛苦大概源于社会。它应该是非正义的，是某些人实施的暴力。

虚假的上帝把痛苦变成暴力。真实的上帝把暴力变成痛苦。

赎罪的痛苦是对人们所犯罪恶的一种回击。而拯救的痛苦是人们渴望的纯洁的善的影子。

恶行是把自身的堕落转移到他人身上。因此，人们倾向于它，如同向着解放倾斜。

任何犯罪都是作恶者把恶转移到受害者身上。不正当的爱无异于谋杀。

刑事司法机构，多少世纪以来，受恶的污染到如此地步，以至于在与罪犯打交道的过程中，并未得到应有的净化，以至于判罪往往使刑事司法机构把恶转移到被判决者身上，即使被判决者有罪，即使量刑并非恰当，情况都是如此。顽固不化的罪犯是刑事司法机构唯一不能伤害的人；而这个机构对无辜者，则造成了严重伤害。

当恶发生转移时，恶本身并没有减轻，而在由之生恶的人那里得到加强。这是恶的繁殖现象。恶转移到物情况也同样。

那么，将恶置于何处？

应该把恶从不纯部分转移到自身的纯净部分，恶就这样被转化为纯粹的痛苦。自身中的罪恶，应该让自己承受。

若不通过同不受任何伤害、永不变质的纯洁的接触更新内部纯洁点，那我们很快就会玷污它。。

忍耐在于不把痛苦变成犯罪，这已经足以把犯罪转化为痛苦了。

把恶转移到外部事物，这是扭曲事物的关系。数目、比例、和谐，这些准确和确定的东西抵制这种扭曲。无论我劲头十足还是疲惫不堪，在 5 公里的路程中，都设立有 5 个标志牌。因此，当人受苦时，数目造成痛苦：数目抵制转移。把注意力集中在过分严格的东西上，以使我的内部的变化不转移我的关注，就是为不变量在我自身中显现并且进入永恒做好准备。

接受别人对我们的伤害，就像接受针对我们自己造成的伤害的药物。

人们强制自己接受的不是一般的痛苦，而是从外面经受的痛苦，那是真正的良药，即使是不公正的。当人们出于非正义而犯下罪过时，仅仅受苦是不够的，还应当承受不公正。

纯洁，它绝对无法受伤害，从这意义上说，任何暴力都不能使它变为不纯。但纯洁显然又是易受伤害的，因为恶的任何侵犯都会使它受苦,任何触及它的罪过在它身上都变成为痛苦。

若有人伤害了我,但愿这种伤害不会使我堕落,这是出于对伤害我的人的爱,目的是使他没有真正造成伤害。

圣人(接近于圣人者)比其他人更多地暴露在魔鬼面前,因为对自己的贫贱现实的认识让他们感到光照几乎难以忍受。

对圣灵犯下的罪过在于认识到一件好事,却因是好事又仇恨它。每当我们朝着善走去时,就会感受到以抵制的形式出现的善的等同物。因为,同善的任何接触,都会产生对恶与善之间距离的认识,以及要求同化的艰难努力的开始。这是一种痛苦,人会感到恐惧。这种恐惧也许正是同善实际接触的标志。只有在无望使距离的意识无法容忍并且将痛苦转变成仇恨时,相应的犯罪才会产生。对此,希望是一剂良药。但是,更好的药是对自己漠不关心,并且为善成其为善而感到幸福,尽管自己离善尚远,甚至可能注定要永远远离善。

一旦纯粹的善的原子进入灵魂,最大、最罪恶的软弱远不及最微不足道的背叛那么危险,最微不足道的背叛可能沦为思想的纯粹内部活动,虽然转瞬即逝,但却是自愿的。这就涉足了地狱。只要灵魂没有尝试过纯净的善,它离地狱和天堂就同样遥远。

只有与拯救相系才有可能选择地狱。不渴望上帝的快乐,但得知上帝身边确有快乐而心满意足,这样的人倒下却没有背叛。

当人通过如此这般的恶去爱上帝,他所爱的确实是上帝。

通过如此这般的恶去爱上帝。通过人们憎恨的恶,在仇恨恶的同时去爱上帝。爱上帝,是把他视作正在仇恨的恶的制作者。

恶之于爱,犹如神秘之于知性。神秘迫使信念的品性成为超自然的,同样,恶迫使仁慈的品性成为超自然的。设法为恶找到补偿,找到正当理由,对于仁慈的害处无异于设法把神秘的内容在人类的知性层面公开展示。

《卡拉马佐夫兄弟》中的伊凡说:"即使这座巨大的工厂会带来最不可思议的奇迹,只要以孩童的一滴眼泪为代价,我也会拒绝。"

我完全赞同这种感情。不管别人能替我找到怎样的理由补偿孩子的一滴眼泪,都无法使我接受这滴眼泪。理性所能设想的任何理由都办不到。只有一种理由,但它只有超自然的爱才可理解：上帝愿意这么做。为此，我既可以接受一个只是恶的世界，也可以接受孩子的一滴眼泪。

临终是至高无上的黑暗之夜，即使是完美无缺的人，为了绝对的纯洁也需要它，为此，最好它是苦涩的。

非现实性从善中夺走善，于是形成了恶。恶，始终是摧毁有善实际在场的可感知的事物。恶是由那些并不知晓这种实际在场的人所为。从这个意义上讲，确实并无故意作恶者。力量的关系给予不在场以摧毁在场的权力。

人们无法毫不畏惧地注视人可能制造、可能承受的恶的规模。

既然上帝因为这种恶，承受了被钉上十字架的苦难，那人们怎么能够相信，有可能为这种恶找到补偿？

善与恶。现实。给予人和物更多的现实性，就是善；从人和物那里夺走现实，就是恶。

罗马人作恶，劫掠希腊诸城的雕塑，因为，没有了雕塑，这些希腊人的城市、庙宇和生活的现实性就大大减少，还因为在罗马和希腊，雕塑所具有的现实性不可能等同。

希腊人绝望、谦卑地祈求保存几座塑像——绝望的企图——以使自己的价值观念被他人接受。如此理解，并无任何低下之处。但几乎是必然无效的。应当理解并在同一天平上衡量他人与自己的价值体系。打造这架天秤。

任凭想像滞留在恶的上面，这隐含着某种怯懦；人们希望通过非现实之物去享受、认识和发展。

人甚至会把自己的想像建立在某些可能之物上面（这完全不同于明确地设想这些事的可能性——这对于德行至关重要），这已经介入其中。好奇心是其缘由。某些思想被禁止（不是禁止设想，而是滞留在……）；不去想它。人们以为思想并不介入，其实它是单独介入，思想的应允包含着一切应允。不去思考它，这是至高的能力。是纯洁，是否定的德行。由于想像滞留在某种坏事上，若遇上其他一些人，他们用自己的言行使这种坏事变成客观的东西，以此消除社会的屏障，那人就会近于崩溃。还有什么更容易的事情？连裂痕都没有；看到沟时，人已经跨了过去。对于善则完全相反；在痛苦和撕裂之中，在要跨越沟壑时，人已经看到沟壑。人不会落入善之中。卑劣一词表达了恶的这种特性。

即使恶已造成，它仍保留着非现实的特性；犯罪的简单也许来自于此；在梦想中，一切都很简单。这种简单与至高德行的简单可以相提并论。

恶必须变得纯而又纯——不然,生活便是不可能的。这唯有上帝才能做到。这是《天主颂》(Cîta)的思想。也是摩西、希特勒主义的思想……

但是,耶和华、希特勒是人间的神。他们要做的净化是想像的。

从根本上有别于恶的东西,是对恶的可能性清楚地感知的、与显现为善的恶相伴随的德行。被抛弃但仍对思想呈现的幻想的在场,也许是真实的标准。

只有处在他人无法再伤害我们的境地时,我们才可能厌恶对他人造成伤害(那么,从严格意义上讲,爱他人就像爱过去的自己)。

沉思人间的疾苦让人奔赴上帝,人只有在作为自我而被爱的他人身上,才会沉思疾苦。人们不可能在自身或如此这般的他人那里去沉思疾苦。

极度的不幸揪住人心,但并不制造人的痛苦,而仅仅揭示这种痛苦。

罪恶与强力的优势。鉴于整个灵魂并不善于认识和接受人的贫苦,人会认为在人与人之间存在差异,由此,在将我们区别于他人,或在接受他人之中的某些人时,往往会有失公正。

造成这一切的原因是：人并不知道，贫苦是一个不可减缩的常量，在每个人身上它都是尽可能的深重，而伟大源于独一无二的上帝，以至于在一个人和另一人之间存在同一性。

令人惊讶的是，不幸不能使人高尚。这是因为，当人们想到一个不幸者时，就会想到他的不幸。然而，不幸者并不去想他自身的不幸，他的灵魂中充满了自己能够设想的不管多么微不足道的快意。

尘世间怎么会没有恶呢？尘世应该与我们的欲望毫不相干，尘世若如此而又无恶，我们的欲望便完全是坏的。不应该是这样。

在造物和上帝之间，存在着各种距离。其中一种距离是：上帝的爱是不可能的。物质、植物、动物。在那些东西中，恶是如此完美无缺以至于将自身毁灭；不再有恶：神灵无辜的镜子。我们处在爱恰恰可能的地方。这是巨大的特权，因为使人结合的爱同距离成正比。

上帝创造了一个尽可能不是最美好的世界，这个世界包含着各种程度的善与恶。我们身处尽可能恶的程度上。因此，彼世则是恶在其中变成为无辜的那个等级。

不　幸

痛苦：人比上帝高明之处。"道成肉身"才使这高明不是丑事。

我不应该爱我的痛苦，因为它是有用的，而且因为它是存在的。

接受苦涩之物；这种接受不应波及苦本身并削弱它，否则，这种接受的力度和纯度都会相应减弱。因为，接受的对象物，正是作为苦涩的苦涩之物，而非其他。——如伊凡·卡拉马佐夫所说：没有任何东西能补偿孩子的一滴眼泪。然而，要接受所有的眼泪，以及眼泪之外的无数恐惧。接受这些东西，并不因为它们包含着补偿，而是在它们自身之中去接受。接受它们存在的事实，仅仅因为它们是存在的。

若世间没有不幸，我们会以为自己在天堂。

地狱的两个概念：一般的概念（不可慰藉的痛苦）；

我的概念（虚假的福乐，误以为自己在天堂）。

肉体痛苦的更伟大的纯洁（梯蓬语）。由此产生民众更高的尊严。

基督教无与伦比的伟大在于它并不寻求治愈痛苦的良药，而是寻求痛苦的超自然的用途。

应当尽可能避免不幸，使人所遭遇的不幸纯洁无瑕、堕入真苦。

快乐是对现实的完满情感。
但是，接受痛苦而保留对现实的情感，这更好。受苦而不堕入噩梦。但愿痛苦在某种意义上纯粹是外在的，在某种意义上又纯粹是内在的。为此，它应仅仅存在于感觉之中。这样它便是外在的（作为灵魂的精神部分以外的东西）和内在的（整个地集中在我们身上，不波及外部世界使其受损）。

不幸迫使人承认自认为不可能的东西是真实的。

不幸：时间把有思维的人——无论其意愿如何——带向他无法承受但却必然会来临的东西那里。"但愿这苦难远离我。"逝去的每一秒钟都把尘世间的人带向某种他无法承受的东西那里。

有一种不幸是：人们无力承受它的延续，也无力从中摆脱出来。

超出过去和未来之间的关系，受苦便算不了什么，但是对于人来说，还有什么比这种关系更为实在？这种关系就是现实本身。

未来。人们认为，这在明天将来临，直至人们认为它永远不会来临之时。

有两种想法会稍稍减轻不幸。一是不幸即刻就会停止，二是不幸永无止息。即不可能的或必然的想法。然而，人们不可设想不幸只是存在着。这是无法支撑的。

"这不可能。"不可能的东西，正是想到未来：不幸将可能在未来延续。思想奔向未来的这种自然趋势受到抑制，人在对时间的感觉中被撕裂。"再过一天、一年，我们如何受苦受难？"

人不忍想到过去和未来：人已沦为物。比如雷诺工厂里的白俄。这样，人们可学会像物那样服从，但是，他们无疑会编造出过去和最近的、骗人的未来。

对于刑事犯和妓女，时间是支离破碎的，对奴隶也同样。这就是不幸的一个特征。

时间施暴：这是唯一的暴力。有人拉住你，把你带到你不愿去的地方；时间将人带到人不愿去的地方。若我被判处死刑，若在此期间，时间停止，我就不会被处死。不管发生什么可怕的事，人们可以指望时光停止流逝、星辰停止运转吗？时间的暴力撕裂着灵魂：永恒则从裂口进入。

一切问题都归结到时间上面。

极度的痛苦：无方向的时间；地狱或天堂的路。连续或永恒。

快乐和痛苦并不互相对立，而是各有所属的两"类"。世间存在地狱般的快乐和痛苦；也存在让人能够康复的快乐和痛苦、天堂般的快乐和痛苦。

我们出于本性躲避痛苦，寻求欢乐。只是因此，快乐被视作善的形象，而痛苦则被当作恶的形象。由此产生天堂和地狱的图像。然而，事实上，欢乐和痛苦是不可分离的一对。

痛苦，教育和转化。被授予宗教奥义者，不应是他们学到什么，而是在他们自身实现某种转化，这种转化使他们能接受教育。

Pathos① 既表示痛苦（尤其是直至死亡的痛苦），也意味着变化（尤其是转化为不朽者）。

受苦和享受被当作知的泉源。蛇把知识给予亚当和夏娃。美人鱼把知识给了尤利西斯（Ulysse）。这些故事告诫我们，在欢乐中寻求知识会导致灵魂沦丧。为什么？也许，若人们不在欢乐中求知，那欢乐就是无辜的。只有在受苦中求知才是可行的。

人身上的无限受一小块铁的支配；这就是人的处境；空间和时间是起因。若不以撕裂的痛苦的代价，猛然把人身上的无限缩小为尖端一点——手柄上的（按键）一点，就不可能搬动这块铁。一时间，整个生命都受到伤害；在人身上没有给上帝留下任何位置，即使在基督身上也一样。在基督身上，有关上帝的思想只是一种剥夺的思想。只有到此境地才会道成肉身。整个生命为上帝剥夺，如何超越这境地？在此之后，只有复活。为达此境地，只有接触赤裸、冰冷的铁。

必须在与铁接触的过程中，才能感到自己和基督一样同上帝分离了，否则，那就是另一个上帝。殉教者并不曾感到自己同上帝分离了，但这是另一个上帝，也许还是不当殉教者为好。殉教者在其中经受折磨或死亡而

---

① 希腊语，意思是受苦、激情。

感到快乐的那个上帝，近似于帝国①正式接受的，并在后来对基督徒实施的迫害中强加的那个上帝。

称尘世毫无价值，称生活不足留恋，并以恶为据，这些说法是荒谬的，因为若这些毫无价值，那么恶又剥夺了什么？

因此，在不幸中受苦和同情他人的欲望，会变得更加纯洁更加强烈，更何况人更好地设想了快乐的完美。痛苦从无快乐可言的人那里到底剥夺了什么呢？

人若设想完美的快乐，痛苦依然属于快乐，犹如饥饿属于食粮。

必须通过快乐获得真实的启示才能在痛苦中获得真实。否则，生活只是一场或深或浅的噩梦。

必须在作为虚无和虚空的痛苦中找到更为完全的现实。

同样，应当热爱生活以更加热爱死亡。

---

① 指罗马帝国，公元前 27 年—公元 476 年。

暴　　力

死亡是天赋于人最珍贵的东西。因此，最高的叛逆莫过于滥用它。无谓之死。无由滥杀。（但如何同时避免自杀和谋杀呢？）死亡之后，就是爱。类似的问题：无度享用，强行剥夺，均不可取。战争和爱欲是人世间的两大幻想和谎言的来源。两者的混合是最大的不纯。

应该努力在世间越来越多地用有效的非暴力取代暴力。

非暴力唯有效才可取。这就是一位年轻人向甘地提出关于他姐妹的问题。回答是：使用暴力，除非你能够不用暴力而同样可能成功地保护她。除非你具有的能量辐射（即从最物质的意义上说的可能的有效性）与你肌体中所蕴含的能量相等同。

努力变成这样的人，才可能是非暴力者。

这也取决于对手。

战争的起因：每个人、每个人的群体都觉得自己有正当理由成为世界的主人和占有者。但是，因为不知道要达到这个目的——因此，对世上的人是可能的——每个人都要凭借自己的躯体，人们错误地理解了这种占有。

亚历山大之于自耕农就如唐·璜之于一位幸福的丈夫。

战争。在自身中始终对生命的贞洁之爱，永远不要把死亡强加于人而自己却不接受。

在某某的生命同自己的生命紧紧相连，以至于两个人的死亡应同时发生的情况下，人还会愿意他死去吗？若躯体和灵魂都渴望着生，若人可以诚实地回答说"是"，那就有权利去杀人。

十字架

凡动刀的，必死在刀下。不动刀的（或收刀入鞘的）将在十字架上死去。

基督治愈残疾者，使死者复活，等等，这些都是他使命中卑微的、世俗的、几乎是低下的部分。基督使命的超自然部分，是血和泪，是未能实现的抚慰人的欲望，是要得到宽容的祈求，是被上帝离弃了的感觉。

十字架上受难的最崇高时刻的献身，那身临的两边的是什么样的爱之深渊啊！

"我的上帝，我的上帝，你为什么离弃我？"
基督教属于某种神性，这就是明证。

要做到公正，必须是赤裸的，并且死亡。决无想像。因此，正义的模式应是赤裸和死亡。仅是十字架并不能作为想像的模仿。

为使仿效上帝不成为一句空话，就必须做一个仿效的正义者，为了超越意愿，我们就不能够要求仿效他。我们不能欲求十字架。

我们可欲求无论什么程度的苦行主义或英雄主义，但不可欲求十字架，它是刑罚的苦难。

凡是把十字架受难仅仅设想为祭献仪式的人，便会抹消拯救的神秘和拯救的苦。渴求殉教是远远不够的。十字架远远超过殉教。

最纯粹的苦涩的苦难，是刑罚的苦难，它是真实性的保证。

十字架。罪孽之树是一棵真正的树，生命之树是梁。某种不会结果的仅仅产生垂直运动的东西。"人子应该升高，他将你们吸引到他那里。"人们可以扼杀自身生命力而仅仅保持垂直运动。若人只求上升，那么树叶和果实都是浪费精力。

夏娃与亚当曾经希求在生命的活力中寻求神性。一棵树，一只果子。但神性蕴涵在呈几何正方形、悬挂尸体的枯木中。我们应该在死亡中寻找与上帝的亲缘关系的秘密。

穿过时间和空间的无限厚度，上帝为找到灵魂并诱惑它而筋疲力尽。如果灵魂表示了纯净而全面的赞同

——即使是在闪电般的一瞬间,那上帝就征服了灵魂。当灵魂变成完全归于他的东西时,上帝便抛弃它。他让灵魂孤身独处。轮到灵魂穿过时间和空间的无限厚度,摸索着寻找灵魂所爱的人。就这样,灵魂从相反方面重新进行上帝朝它而来的旅行。这就是十字架。

上帝在十字架上受难,是因为有限的、屈从于必然性以及时间和空间的生命在思考。

应该明白,作为有思想的有限生命,我就是在十字架上受难的上帝。

与上帝相似,但是在十字架上受难的上帝。

与万能的上帝相似,因为他与必然性紧密相关。

普罗米修斯(Prométhée),受难之神,因为他太热爱人类了。希波吕托斯(Hippolyte),受惩罚的人,因为他太纯洁、太受诸神热爱。正是人与神的相似招致惩罚。

我们处于离上帝最远的极限之地,绝不可能从那里回到他身边。上帝在我们的存在中被撕裂。我们就是上帝受难图。上帝对我们的爱就是受难。善如何能爱恶而不受难?恶也在爱善时受难。上帝和人的互爱是一种苦难。

要感受到我们与上帝之间的距离,上帝必定要成为受难的奴隶。因为我们只是在向下时才感受到这种距离。

想像自己身处造物的上帝的位置,要比想像自己处在基督受难的十字架上要容易得多。

基督的仁慈宽厚,就是上帝与造物之间的距离。

中介自身的功能,意味着无所适从……

因此,人们在设想是上帝向人降临还是人向着上帝上升时,难免会无所适从。

我们要穿越——首先是因为上帝为来到我们之中要穿越——时间和空间的无限厚度。在上帝与人的各种关系中,爱是最伟大的。爱的伟大犹之乎必须跨越的距离。

为使爱尽可能伟大,这距离要尽可能大。因此,恶可能发展到极限,在极限之外,善的可能性本身就会消失。恶放肆地触及这个极限。有时,它似乎会超过这个极限。

这在某种意义上同莱布尼茨的思想恰恰相反。当然这同上帝的伟大更加融合,因为,若上帝创造了尘世中最美好的东西,那是因为他所能做的事很少很少。

上帝穿过茫茫尘世来到我们中间。

耶稣受难,这是不掺杂任何表象的完美的正义存在。正义在本质上讲是不活跃的。它应当是超越的或痛苦的。

这是纯粹超自然的正义，绝无任何可感知的救助，甚至没有上帝的爱，因为它是可感知的。

赎罪的苦难使苦难成为赤裸的，并将它纯净地带到生存中。这拯救了生命。

正如上帝通过圣事的祝圣仪式在可感知的圣餐面包片中在场，他通过赎罪的痛苦、通过十字架出现在极端的恶之中。

从人类的苦难到上帝。但并非作为补偿或安慰，而是作为关联。

对有些人，凡是使他们同上帝接近的东西都是有益的。而对于我，使我远离上帝的东西才是有益的。在我和上帝之间存在着天地之遥——还要加上十字架的距离。

痛苦既是完全是外在的，对无辜来说也完全是根本的。

白雪上的鲜血。无辜和恶。但愿恶本身是纯的。恶只有在无辜者的痛苦的形式下才是纯的。一个受苦的无辜者将拯救的光芒洒在恶身上。无辜者是无辜的上帝的可见形象。因此，一个爱人的上帝，一个爱上帝的人，应该受苦。

幸运的无辜。也是某种无比珍贵的东西。但这是一种不稳固的、脆弱的幸福,偶然的幸福。苹果树的花。幸福与无辜没有关系。

成为无辜者,便是承受整个天地的重量,就是确立抗衡的力量。

当人净空自身时,就遭受四周天地的全部压力。

上帝把自己奉献给人,他是万能的还是完美的上帝——要由人自己选择。

天秤与杠杆

十字架如天秤,如杠杆。下降,是上升的条件。天下降到地,就把地升上了天。

杠杆。要抬高时,就降下杠杆。
正是以同样的方式,"自卑者必升为高"。
在神恩的领域里也有必然性和法则。"地狱本身也有自己的法则。"(歌德语)天堂亦如此。

排除任何专断、偶然的严格必然性,控制着物质现象。如果可能,在精神事物(尽管是自由的)中,专断和偶然性还要更少一些。

"一",是数目中最小的。"一,是唯一的智者。"它就是无限。它是认为接近无限的增长数。它远离无限。必须下降才会升高。
如果"一"是上帝,"∞"便是魔鬼。

人的苦难包含着神性智慧的奥秘,而不是乐趣。任何寻求乐趣的行为都是在寻求人为的天堂，都是寻求陶醉，寻求增长。但是，这种寻求给不了我们什么，除非是徒劳无益的经验。唯有沉思局限和苦难，我们才能置身更高的层次。

"自卑者必升为高。"

若不来源于下降的运动，我们身上的上升运动则徒劳无益（或者更糟）。

身体是杆秤（Statera facta corporis）。在十字架上受难的肉身是公平的天秤，肉身在时空中还原成点。

不要审判。要以天主不审判的方式：人通过天主相互审判。所有的人都要去天主那里相互审判。他成为一架天秤。

于是，人将不受审，因为他已经成为不审判的真正的审判官的形象。

当天地的全部重量都压在我们身上时，除了上帝本身——真的上帝，没有其他可能的抗衡力量，因为即使以真神的名义，虚假的诸神也无能为力。从不确定的意义上说，恶是无限的：物质、空间、时间。唯有真正的无限才会战胜这类无限。因此，十字架是天秤，在这架天秤上，脆弱而轻飘的身体——却成为上帝，抬起了整个世界的重量。"给我一个支点，我将抬起整个世界。"这个支点就是十字架。不可能有其他支点。这支点必然处于尘世和非尘世的交点。十字架就是这个交点。

不可能

人的生活是不能忍受的。但只有不幸才会使人感到这一点。

不可能的善:"善生恶,恶生善,何时终了?"

善是不可能的。——但人总是随意想像,以在每种特殊情况中向自己隐瞒善的不可能(对每个并未将我们自身粉碎的事件,只需掩盖部分恶并加上虚构的善——即使自身被粉碎,有些人还是能这样做—— 就足矣),同时还向自己隐瞒"必然性的本质和善的本质有多么不同",因而无法让自己真正与上帝相遇——上帝不是别的,他就是善本身,而在尘世的任何地方都找不到善。

欲望不可能满足;它摧毁自己的对象物。情侣不可能成为一体,那喀索斯①也不能一分为二。唐·璜,那喀索斯。因为欲求某物是不可能的,应当无所欲求。

---

① 那喀索斯(Narcisse):希腊神话中的美少年,爱上了自己在水中的影子,最后因得不到自己所爱的对象憔悴而死,死后被神化为水仙花。

我们的生活就是不可能,是荒谬。我们欲求的每件事都与其相关的条件和后果相矛盾,我们提出的每个结论其实都包含着相反的意见,我们的一切感情都与其对立物相互混杂。因为我们是矛盾体,既是造物,也是上帝,而又远不同于上帝。

唯有矛盾才证明我们并非无所不能。矛盾是我们的苦难,而对苦难的感情就是对现实的感情。因为,苦难不是我们是制造出来的。它是真实的。因此,应该珍视它。其他一切则都是想像的。

通往超自然的门是不可能。人只能敲这扇门。开门的是另一个人。

要摆脱梦幻就必须触及不可能。梦中并无不可能。只有无能为力。

"我们的主,天主。"这里有一种幽默。这是你们的主,但努把力去上天找他吧!我们和蚯蚓一样无力升天。若不下降,他又如何能来到我们中间呢?没有什么设想上帝和人之间关系的方式,这种关系与道成肉身一样秘不可知。道成肉身驱除了这种理解的困难。它是设想这种难以想像的降临的最具体的方式。从此,为什么它不是真实的呢?

我们无法连接的纽带是超越的明证。

我们是有认识、有意愿和爱欲的存在,一旦把注意力集中在认识、意愿和爱的对象上,我们就明确承认,不可能实现的对象是不存在的。只有谎言可能遮盖这个事实。对不可能性的意识迫使我们不断通过我们欲求、认识和意愿的一切去理解不可把握的事物。

当人无论如何努力,似乎都不可能得到某种东西时,那就表明在此层次上的不可逾越的界限,并表明有必要更换层次并冲破界限。在此层次上耗尽精力是一种堕落。最好是接受界限,沉思并品味其苦涩。

作为动力的谬误,是能量之源。我觉得看到的是一位朋友,我向他跑去,靠近了,却发现那是另一个人,我并不认识。同样,我们混淆了相对与绝对、创造物与上帝。

所有一切特殊的动力都是谬误。唯有不通过任何动力而产生的能量才是良善的:服从上帝。也就是说,这意味着上帝超出了我们所能想像或设想的一切,即服从虚空。这是不可能的,同时也是必需的,换句话说,这是超自然的。

善事。如果人在完成一件事情时,整个内心意识到善事是绝对不可能之举,那这个举动就是一种良好行为。

行善。无论做什么,我都清楚地知道,这并不是善。因为非良善者是不会行善的。因此"只有上帝才是仁慈的"……

在任何处境中,人无论做什么,都是在作恶,不可容忍的恶。

应当要求人所做的全部恶仅仅并直接回到他自身。那就是十字架。

当人能够把注意力和欲求完全集中在纯粹而又无法实现的善上面,又不以任何谎言、纯粹的善的诱惑和不可能性蒙骗自己时,那他能做的行为就是善的。

由此,品行与艺术灵感完全类似。当人把注意力集中在无法表白的灵感上面,作为无法表白的诗,就是美好的。

矛　盾

精神遭遇的矛盾是唯一的现实，是实在的标准。在想像中并无矛盾。矛盾证明了必然性。

在内心深处感受到的矛盾，就是撕裂，就是十字架。

当集中在某物上的注意力使矛盾显示出来时，就会发生一种剥离。若坚持走这条路，人可得到超脱。

对立物可被表象的关联是矛盾的超越关联的形象。

任何真正的善都包含着矛盾的条件，因此，是无法实现的。把自己的注意力确实集中在这种不可能性上并采取行动的人将会行善。

同样，任何真理都包含着矛盾。

矛盾是金字塔的顶尖。

善这个词与善—恶关联词或表明上帝存在本身的术语并不具有相同的意义。

圣人心灵中对立品行的存在。上升的隐喻与此相应。我在山的一侧行走,先看到湖,稍后又看到树林。我必须做出选择:湖,还是树林。如果我想既见湖又见林,那就必须登得更高。

不过,山并不存在。它是大气所成。人不可能登高,只能被提拉而起。

实验的本体论证明:我自身中并无上升的原则。我无法在空中攀登上天。只是在我的思想转向优于我的某种东西时,它会把我拉向高处。若我确实被提拉起,这种东西便是实在的。任何一种想像的完美都不可能将我拉向高处,哪怕提高一毫米。因为想像的完美自动地处在想像着这完美的我的层次上,不高也不低。

思想方向的这种功效与启示毫无相似之处。若我每天清晨对自己说:我是勇敢的,我不害怕,我能够勇敢起来,但这种勇气适合的是这样的状况:在目前的不完美状况中,我表现得勇气非凡,因此,这种勇气不会超越不完美。这是在同一层面上的变化,而不是层面的改变。

矛盾是标准。人不可能通过启示获得与己不容的东西。这唯有神恩才能办到。一个由于启示获得勇气的温柔之人渐渐刚强起来,他往往通过一种野性的快感抛弃自身的温柔。唯有神恩能给人以勇气,同时又能让温柔完好无损,或给人以柔情,同时又能让勇气完好无损。

从生至死，人承受的巨大痛苦，就是看和吃是两种不同的运作。永恒的真福是"看就是吃"的状态。

在此世看的东西并不真实，那只是一种背景。人吃的已被毁坏的食物，已不复真实。

原罪在我们身上造成这种分离。

若从品行这个词的本义上说，，即排除对品行的社会仿效，那自然品行作为持续不断的行为，只有在自身拥有超自然神恩的人才可能具备。自然品行的绵延是超自然的。

对立物和矛盾体。对立物的关系为接触自然的存在所能做的，就是共同思想的矛盾体为接触上帝能够做的。

受上帝启示的人是其行为、思想、感情都由一种不可表示的纽带联系起来的人。

毕达哥拉斯思想：善总是由对立物的结合确定的。提倡一种恶的对立物时，人便停留在恶的层面。当人领教了这种恶，就会回到它的对立物一边。这就是《天主颂》所谓的"对立物的歧途"。

对立物的坏结合。工人帝国主义（L'imperialisme ouvrier）是由马克思主义促成发展的。这是关于获得自由的奴隶的傲慢的拉丁语格言。傲慢和奴性相互促进加强。真诚的无政府主义者透过云雾瞥见了对立物结合的原则，曾经相信把权力交给受压迫者就摧毁了恶。其实那是无法实现的梦想。

那么对立物坏的和好的结合各自又有什么特殊之处？

对立物坏的结合（因为是谎言，所以是坏的），是那种在对立物所处层面上形成的结合。因此，把统治权交给被压迫者，人无法摆脱压迫—统治这一组结合。

对立物的好的结合是在更高的层次上形成的。因此，统治和压迫之间的对立是在法的层次上解决的，法即平衡。

同样，痛苦（它的确切的功能就在于此）把已结合的对立物分开，以将它们在高于最初结合的层次上重新结合起来。痛苦—快乐的脉动。从数学角度看，快乐总占上风。

痛苦是暴力，快乐是温馨，但快乐是最强大的。

矛盾体的结合是分离：若无极度的受苦，这种结合是无法实现的。

矛盾体的关联是超脱。对个别之物的依恋只有通过不相容的依恋才能摧毁。因此："爱您的敌人……不仇恨父母的人……"

或是让对立物服从自己,或者服从对立物。

在灵魂的行为中互不相容的东西同时存在;同时向两侧倾斜的天秤:是神圣,是微观宇宙的实现,是对世界秩序的模仿。

互相对立的品行如钳子那样在灵魂中同时存在,为的是接触上帝。

找到并提出人类条件的某些法则,其中许多深刻的看法阐明了许多特殊案例。

这样,完全高尚者复制着完全低下的东西,但经过了移植。

恶与暴力、存在的亲缘关系,善与软弱、虚无的亲缘关系。

同时,恶是一种剥夺。阐明各种矛盾体成为真实所具有的方式。

探究的方法:当人着手思考某事时,探究一下对立物在何种意义上是真实的。①

恶是善的影子。一切实在的善都具有坚固性和厚

---

① 这警句告诉我们分布在薇依作品中的各种表面矛盾的关键所在:爱传统和对于过去的超脱,上帝既被设想为至高无上的实在,也被设想为虚无,等等。这些矛盾在生存的各种层面上是真实的,它们之间的对立在超自然的层面上得到解决。理念察觉到了链子的两端,但将它联系起来的中心只有不可表白的直觉才可接近。——原编者注

度，它抛出恶。只有想像的善才不抛出恶。

由于一切善都同某种恶相连，若欲求善而又不愿在自身周围散发相应的恶，那就不得不——既然无法避免恶——把恶集中于自身。

因此，完全纯洁的对善的欲望意味着自身接受最高程度的不幸。

若仅仅欲望善，那就会与把实在的善同恶联系起来的法则相对立，如同在阴暗中被照亮的东西一般，若同尘世间的普遍法则对立，人就不可避免地落入不幸。

基督十字架的秘密在某种矛盾中，因为这既是心甘情愿的祭献，又是他身不由己受到的惩罚。若人们从中只看到祭献，那就可能自己也做出同样的奉献。但是，人们不可能愿意身不由己地遭受惩罚。

必然和善之间的距离[1]

必然是上帝的面纱。

上帝把一切现象毫无例外地托付给了尘世的机制。[2]

由于上帝身上拥有与人类似的一切品行，因此他也有类似服从的品行。这是他在这个世界上留给必然性的游戏。

必然，是理解上帝无动于衷、不偏不倚的智慧的形象。

因此，神迹的一般概念是对宗教的蔑视（一种似乎无次要原因，只有主要原因的现象）。

---

[1] 参见柏拉图，《理想国》，第6卷。——原编者注
[2] 很有意义的是，薇依把笛卡尔和斯宾诺莎的决定论扩展到各种自然现象，包括心理现象。她认为只有神恩才会战胜重负。由此，她否认上帝在自然中所留下的不确定性和"无根据"的空白，这种空白会使自由和奇迹进入尘世。同样，事实上，重负确实强大无比：圣托马斯承认，大部分人的行为是受命于感官的盲目欲望，并服从星球系决定论。——原编者注

必然和善之间的距离就是造物与造物主之间的距离。

应无限沉思必然和善之间的距离。这是希腊的伟大发现。特洛伊①的陷落无疑在此之后。

任何一种不是用"这是",而是用其他东西为恶作辩解的尝试,都是违反事实的错误。

我们只盼望卸掉善—恶这一对无法承受的重负——本应由亚当和夏娃承担的重负。

为此,必须把"必然的本质同善的本质"混合起来,或者离开尘世。

只有上帝或社会动物能够纯化恶。纯洁性使恶净化。强力也可净化恶,但完全是以另外一种方式。对无所不能者来说,一切都是允许的。为万能者服务的人无所不能。强力抛出善—恶这一对对立物。强力抛出使用强力者,甚至还抛出承受强力者。主人可以无所不为,奴隶也一样。剑,剑把和剑尖上释放出应该担负的义务——无法承受的重量。神恩也释放出这种义务,但人们只有通过义务才能奔赴神恩

人们只有在向着统一攀登或向着无限下降时才可避

---

① 特洛伊(Troie),古希腊时代小亚细亚(今土耳其)西北部城邦。希腊人曾远征特洛伊城,九年未攻下。第十年,奥德修斯献计,制造肚子里藏有精兵的木马,佯装败退,把木马留在城外,特洛伊人中计,把木马拖进城内,半夜时分,木马中的英雄出来打开城门,城外希腊人一拥而入,攻下特洛伊城。特洛伊木马则常用来比喻内部的颠覆者。

开限制。

界限证明上帝是爱我们的。

等待即将来临的世界末日,这规范着原始教会的行为。这种信念使他们"忘记了必然与善之间的巨大距离"。

上帝的缺席是完美的爱最绝妙的证明,因此,纯粹的必然性——与善明显不同的必然性是如此之美。

无限性是对"一"的考验。时间是对永恒的考验。可能是对必然的考验。变化是对不变的考验。

科学、艺术品、道德或灵魂的价值,是以它们对这种考验的抵抗程度衡量的。

偶　　然

我爱的人都是上帝的造物。他们的诞生纯属偶然。我与之相遇也是一种偶然。他们是要死的。他们的所思、所感、所为都是有限的，混杂着善与恶。

全神贯注地去理解这一点，不要削弱对他们的爱。

仿效上帝，他无限热爱种种作为有限物的有限物。

但愿有价值的东西能够永恒。然而，凡有某种价值的东西都是相遇产生的结果，由于相遇而持续，也因曾经相遇之物的分离中止存在。这是佛教的中心思想（也是赫拉克利特思想）。这种思想直接与上帝相通。

沉思我的父母相遇的偶然性比对死亡的沉思更有益。

我身上可有一样东西不是源于这种相遇？只有上帝。而我对上帝的沉思也源于这种相遇。

星辰和开花的果树。完全的持久和极度的脆弱也给人以永恒之感。

关于进步，关于"勇往直前的天才"的理论源于此：

无法容忍去设想在由偶然性支配的尘世还有更珍贵的东西。正因为这是无法容忍的，才应当沉思。

而这种东西，正是创世。

唯一不受偶然性支配的善是尘世之外的善。

易损的珍品是美的，因为易损性是存在的标志。

特洛伊的毁灭。果树花的凋谢。要知道，最珍贵的东西并不扎根在生存中。这是美的。为什么？它把灵魂抛到时间之外。

想生一个白如雪、红似血的孩子的女人，如愿以偿，但她最终死了，结果孩子托给了继母。

应该爱的人不在场

上帝只能以不在场的形式在创世中出场。

恶和上帝的无辜。应该置上帝于无限的距离之外以设想他不曾作恶；反之，恶表明应该置上帝于无限距离之外。

尘世，无上帝的这个世界就是上帝本身。
作为与善绝对相异的必然性，它就是善本身。
因此，对不幸的一切安慰都远离爱和真实。
这就是秘密中的秘密。一旦触及它，人就安全无忧了。

"在荒芜的东方……"应该在荒芜中。因为应该爱的那个人不在场。

把生命托付给上帝的信念，人可能失去自己的信念。
但是，把生命托付给上帝本人的人，他将永远不会失去自己的生命。把自己的生命托付给人根本无法触及的东西,那是不可能的。那是死亡。事情本应如此。

凡是存在的东西绝对不值得爱。
因此,应该去爱不存在之物。
但是,这个不存在的爱的对象并不是想像出来的。因为我们的想像不可能比我们自身——我们自身并不值得爱——更值得爱。

赞同善,并非赞同任何可把握、可表白的善,而是无条件地赞同绝对的善。
赞同我们设想为善的事物,就是赞同一种善与恶的混合,而且这种赞同产生善与恶。我们身上善与恶的比例并不发生变化。相反,无条件地赞同我们不能、也永远无法设想的善,这种赞同是纯净的善并且它只产生善,只要这种赞同持续不断,整个灵魂最终就成为善。

信念(这里所说的是对自然的一种超自然的阐释)是通过建立在超自然经验基础上的类比所作的臆测。这样,具有神秘主义冥想天赋的人,由于曾经体验过上帝的慈悲,所以推测上帝是慈悲的,上帝创造的世界是慈悲的事业。但是,要直接在自然中验证这种慈悲,那必须成为瞎子、聋子,变得冷酷无情才会相信人能够做到。因此,犹太人、穆斯林,都想在自然中找到上帝慈悲的明证,于是都成为冷酷无情的人。基督徒往往也如此。

因此，神秘主义是人类品行的唯一源泉。因为，不相信尘世幕后存在无限慈悲，或相信这种慈悲在幕前，二者都会使人变得残忍。

上帝的慈悲在此世有四种见证：一是上帝赐予能够沉思者（这种状况是存在的，并且是这些造物的经验的一部分）的恩惠；二是这些人散发的光辉以及他们的同情心——即在他们身上体现的上帝的同情心；三是世界之美；四是此世根本不存在慈悲。①

道成肉身。上帝是软弱的，因为他不偏不倚。他把阳光和雨露既洒向好人也洒向坏人。上帝的这种无动于衷和基督的软弱相互呼应。天国就像是芥菜种……上帝丝毫不会改变一点一滴。有人杀害基督，出于愤怒，因为他只是上帝。

如果我认为上帝通过他的意愿行为，为了我的善而给我带来痛苦，我相信自己会成为什么，而且我会忽略痛苦的主要功用——即告知我：我一无所是。因此，绝不应该做类似的设想。但应该通过痛苦去爱上帝。

我应当希望自己一无所是。若我是什么，那将是多么可怕！热爱我的虚无，喜爱成为虚无。用帷幕另一侧

---

① 正是通过这个反题，通过我们身上神恩的各种作用之间的撕裂和我们周围的世界之美，以及制约着宇宙的无情的必然性，我们才把上帝既感知为在人之中，也感知为绝对无法还原为人的任何标准。——原注

的那部分灵魂去爱,因为意识能感知到的那部分灵魂不可能爱虚无,它对虚无感到恐惧,如若它自认热爱虚无,那么它所爱的不是虚无,而是另外的东西。

上帝不作区分地把不幸带给坏人和好人,就像洒下雨露、阳光那样。他并没有把十字架留给基督。他只是通过纯粹的精神的神恩同个人接触,纯粹的精神的神恩回应向他投来的目光,也就是说,在个人确实不再是一个人的情况下。没有一件事情是上帝的恩典,唯有神恩。

领圣体对好人是好事,对坏人是坏事。因此,入地狱者在天堂,但对于他们,天堂就是地狱。

痛苦的呼喊:为什么?这呼喊响彻《伊利亚特》全篇。

解释痛苦就是安慰,因此,痛苦不应得到解释。

无辜者的痛苦的特殊价值由此而来。就如同在无辜上帝的创世中,无辜者接受恶。

痛苦的顽强特性使人们在经受苦难时不可能不感到恐惧,它的目的是阻挡意志力,正如荒谬阻止知性,不在场阻止爱,以使人在到达能力极限时伸出双臂,停下来,观望并等待。

"他嘲笑无辜者的不幸。"上帝保持沉默。人间嘈杂之声模仿沉默。这些声音毫无意义。

只有当我们在内心深处需要表示某种意义的声音时，当我们呼叫以求得回音而得不到时，我们才触及上帝的沉默。

我们的想像习惯于把词语放入嘈杂声之中，就像有人懒洋洋地玩弄、观看烟雾的各种形状。当我们太累时，当我们无力再玩耍下去时，我们就要求真实的词语。我们呼喊着以求得它。呼喊撕裂我们的心肺。我们得到的只是沉默。

经历这种情况后，一些人像疯子一样自言自语。此后，不管他们做什么，只应怜悯他们。另一些人，为数不多，他们把全部身心都交付给了沉默。

涤罪的无神论

真实的矛盾状况。上帝存在，上帝不存在。问题何在？在确认我的爱不是幻觉的意义上讲，我确信上帝存在；我确认没有任何实在的东西与说出上帝这个名字时我所能想到的相似，从这种意义讲，我坚信上帝不存在。但是，我无法设想的东西并不是幻觉。

存在两种无神论，其中之一是对上帝这个概念的净化（pu‑rification）。

也许，凡是恶的东西都有另一面，即在向善方面发展的过程中它是一种净化，还有第三方面，即至高无上的善。

要认真对这三方面加以区分，因为混淆三者对于思维、对于生活的实际行为都是很危险的。

在两个不曾体验过上帝的人中间，否认上帝的人也许离上帝最近。

虚假的上帝在各方面都像是真的上帝，除非人们不去触及他，否则他会永远阻止人去接近真的上帝。

相信在各方面都类似真上帝的那个上帝,除非他不存在,因为我们并不在上帝存在的点上。

我们时代的谬误皆因没有超自然的基督教。这是世俗主义(le laïcisme)——首先是人文主义——造成的结果。

作为慰藉的根源,宗教是取得真正信仰的障碍:从这个意义上讲,无神论是一种净化。我应是无神论者,因为自身带有并非上帝造就的一部分。在那些身上的超自然部分并未被唤醒的人中,无神论者是有理的,错的是教徒。

若一个人的全家都因受严刑拷打致死,他本人也在集中营中受尽折磨;或者,一个16世纪的印第安人,他是唯一在种族灭绝的大屠杀中幸免于难的人;若这些人曾经相信过上帝的慈悲,或现在不再相信了,或是把上帝的慈悲想像为和以前的情况完全不同;我不曾经历过这类事情,但我知道这样的事是有的,那么,差别在哪里呢?

我应该趋向这样的上帝慈悲的概念:无论命运在我身上降临下什么事情,这种概念都不会自己消失,不会改变,并能传递给任何一个人。

专注和意志

不是理解新事物,而是因为耐心、努力和方法,终于以自己全部身心理解自明的真理。

信仰的各种层次。哪怕是最通俗的真理,当它浸入整个灵魂时,就成为一种启示。

设法以专注而不是通过意志来弥补过错。

意志只能控制与某些相近之物的移动表象相关的肌肉运动。我可随意把自己的手平放在桌上。如果内心的纯净或启示或真实思想必然会与这类姿态相关的话,那么它们就可能是意志的对象。由于无能为力,我们只能祈求上述对象。祈求,就是相信在天上有我们的父。或这停止欲望?还有什么比这更糟?内心的恳求是唯一合理的,因为恳求可避免肌肉紧张,而肌肉与事情毫不相干。关于品行、诗歌或解决问题的方法,还有什么比僵化肌肉或咬紧牙关更加愚蠢的事情呢?专注则是另一回事。

傲慢就是这种僵化。在傲慢者身上没有神恩(grâce,

从这词的双重意义上讲）①。这是一种谬误的效果。

专注，从其最高程度上来说同祈祷是一回事。它意味着信仰和爱。

绝对没有杂质的专注就是祈祷。

若把知性转向善，那么整个灵魂不可能不逐渐身不由己地被善吸引。

高度的专注就构建了人的创造才能，而唯有宗教的专注才是高度的专注。一个时代的创造天才的数量同高度专注的数量成严格比例，因此，也和这个时代真正宗教的数量成严格比例。

坏的寻求方式。同某个问题相系的专注。这也是惧怕虚空的现象。人不愿意白费精力。疯狂追逐。不应当欲求得到什么：正像在过分忠诚的情况下，人就依附于努力的对象。人需要有时由偶然性给予的某种外来报答，而且准备以歪曲真理的代价获得到报答。

只有不带欲望的努力（即不与目的相关）才包含报答，这是确定无疑的。

面对自己追求的对象退步不前。唯有非直接的东西

---

① 指神恩，优雅。——译注

是有效的。

若事先不后退，人会一筹莫展。

拉动藤条，让果实落到地上。

有些努力取得的效果和追求的目标背道而驰（譬如：尖刻的女信徒、伪苦行主义、某些效忠行为，等等）。即便其他一些努力达不到什么目的，但总还是有用的。

如何区别呢？

可能是这样：有一些努力伴随着对内心卑下的（具有欺骗性的）否定。其他一些努力则伴随着对集中在人之所是和人之所爱之间的距离上的持续不断的关注。

爱哺育着神和人，因为若无学习的欲望，没有人会去学习。真理，人寻求真理，不是因其为真理，而是因为真理就是善。

关注与欲望而不是与意志休戚相关。或更确切地说，是与赞同相关。

人释放出自身的能量。但是能量又不断地重新依附于人。如何把它全部释放出来呢？应当抱有这样的欲望：在我们自身实现这种释放。真正地欲望它。仅仅是欲望，而不是企图完成它。因为任何这样的企图都是徒劳的，并且会付出昂贵的代价。在这样的活动中，我称之为"我"的一切都应当是被动的。唯有关注——关注如此盈满，以至于"我"消失了——取自于我。剥夺我称之为的"我"的关注的光芒，让它转向不可思议之物。

一劳永逸地驱除一种思想的能力，是通向永恒的大门，是瞬间中的无限。

对于诱惑，以贞洁女人为例说明，诱惑者与她搭讪，她没有任何回应，佯装没有听见。

面对善和恶，我们应当保持不偏不倚，但是，不偏不倚是说在二者身上投洒同样专注的光芒，善凭借自然而然的现象取胜。这是根本的神恩之所在。这也是善的定义，善的标准。

若不把注意力从上帝的启示上移开，若不拒绝这种启示，那上帝的启示的发生必定不可抗拒。面对上帝的启示，别无选择，只需不拒绝承认上帝启示的存在则足矣。

怀着爱把关注转向上帝（或转向更低层次，真正美好的一切），这使一些事情难以完成。这是在灵魂中不起作用的祈祷行为。若一些行为产生，关注反过来使之难以实现的话，那这些行为会掩盖关注。

一旦灵魂中有了一个永恒点，人除了维护这个点就无事可做，因为它就像一粒种子，自己发芽生长。应该在这点的周围设置固定武装岗哨，并且根据认真考虑的数目及其固定、严格的关系提供给养。

人以对身体中的不变数的静思，滋养灵魂中的不变数。

写作就像分娩，人不由自主要竭尽全力。但是，人在行动中也是如此。只要不自欺，并且全神贯注，就不必担心没有竭尽全力。

诗人通过对实在的关注创造美。爱的行为亦如此。知道这个人饥渴难忍，但又同我一样确实存在着——这就足够了，其余的事情则顺其自然。

在一个人的活动中，真、美和善的纯粹而真实的价值，只是通过同一种行为，即通过对对象的某种全面的关注得以产生。

教育的目的只应是，通过注意力的训练为上述行为的可能性做准备。

教学的其他好处都没有什么意义。

学习和信仰。祈祷只是纯洁形式下的关注，学习则构成关注的智力训练，因此，学校的每一种训练都应该是精神生活的反映。学校训练应讲究方法。做拉丁文翻译的方式、解析几何问题的方式（而不是随便什么方式）

构成关注——使其适合于祈祷的关注——的智力训练。

理解形象和符号的方法。并非试图阐释它们，而是注视着它们，直至光芒放射出来。

一般说来，运用知性的方法在于注视。

运用这种方法区分真实和幻觉。在感官知觉中，若人不能确信自己看见的是什么，就会改变位置注视，真实的东西就显现出来。在内心生活中，时间取代了空间。人则随时间发生变化，如果通过变化人仍然把目光盯在同一事物上，那幻觉最终会消失，真实就会显现出来。条件是关注、注视，而不是依恋。

当系于义务的意志和不好的欲望之间发生冲突时，便会消耗与善相系的能量。应该被动地经受欲望的煎熬——它像人在贫困中忍受的痛苦，并且应该使注意力始终向着善。力的质量于是就有了升华。

去除欲望在时间上的方向，以获取它们的能量。

我们的欲望就其意愿而言是无限的，但受到它们由之而来的能量的限制。因此，靠神恩相助，我们可以控制欲望，并且不断消融它们，最终摧毁它们。一旦清楚地理解了这一点——如果人始终让注意力与真理保持接触，那欲望已潜在地被制服了。

Video meliora（我看见更好的）……在这种状态中，似乎人们在思考善，在某种意义上确实在思考善，但是并不思考善的可能性。

受各种矛盾钳制把握的虚空，无可争议地是来自上天的虚空，因为知性、意志和爱的自然功能越发展，人就越容易把握它。此世的虚空：由于任凭自然功能衰退，人自己堕落到虚空之中。

超越的经验：这似乎是矛盾的。不过既然我的官能不可能臆造超越的经验，超越只能通过接触被认识。

孤独。其价值何在？因为面对的是普通的物质（甚至天空、星辰、月亮、开花的树木），面对的是（也许）比人的精神价值更低的东西。若面对人我们能够保持同样程度的关注，孤独的价值就在于可能达到的关注的最高程度。

关于上帝，我们只可能知道一件事：他是我们所不是的。唯有我们的苦难才是他的形象。我们越静观苦难，也就越静观上帝。

原罪不是什么别的，只意味着对人间的苦难的无知。这是无意识的因而也是有罪的苦难。基督的历史实际证明：人间的苦难不可减缩，绝对无罪之人和戴罪之人承受着同样深重的苦难。只不过它被光照亮……

认识人间的苦难，对于富人、强者是很困难的事，因为他们几乎坚信自己非同一般。对于穷人，认识苦难同样困难，因为他们几乎坚信富人、强者是非同一般的人。

造成致命之罪的并不是过错，而是过错（无论什么样的过错）铸成时灵魂中的光亮程度。

纯洁性是静观污迹的权力。

极端的纯洁性既可静观纯洁，也可静观非纯洁；非纯洁性对两者均不能静观：因为前者使它害怕，后者会将它吸收。它应该混合二者。

训 练

要触及不可能，必须完成可能。意志、爱和认识的自然官能必须符合职责才堪称正确的训练；对于精神实在而言，这种训练正是身体对于可感对象的知觉的运动。一个瘫痪病人是没有知觉的。

完成严格意义上的人的职责，与在写作、翻译、计算等活动中的修正具有相同性质。忽视这种修正是对对象有失恭敬，同样，也是对职责的忽视。

唯有与灵感相关的事物才靠期限为生。与自然职责、意志相关的事物则不受期限的约束。

预言不是用来付诸实践的，但实践却因预言的智慧而被规定。预言堪比音阶。在钢琴上不弹音阶就演奏不了巴赫。但是，也并非是为音阶而弹奏音阶。

训练。——每当人发现在自身中不自觉地出现骄傲思想时，他会在瞬间把关注的目光全部投向对过去生活中所受屈辱的追忆，而且想到的是其中最苦涩、最难以容忍的屈辱。

不应该设法改变自身或祛除欲望和厌恶、快乐和痛苦。应被动地接受它们，就像接受对各种颜色的感觉却不更多地信赖它们。如果我的窗玻璃是红色的，在我常年进行理性思考的情况下，我不可能不把我的房间看成是粉色的。我知道，把房间看成这种色彩，是必然的、正确的和好的。与此同时，我赋予这种颜色——作为一种信息——只是受对它与玻璃的关系的认识所限定的信赖。这样而不是以其他方式接受在我身上产生的各种欲望和厌恶、快乐和痛苦。

另一方面，由于在自身具有某种暴力原则，即意志力，因此应当在有限的程度上，但又是在这种程度的极限上，有力地使用这个暴力原则；通过暴力强迫自己行动，就像没有这样的欲望、厌恶，也并不想强迫感觉，使其信服。这时感觉会反抗，应当被动地接受这种反抗，品尝它，回味它，就像接受一种外在之物，就像接受玻璃是红色的、房间是粉色的一样。

每当人们以这种精神强制自己时，就会向前进一小步或一大步，但却是在自身中进行的兽性训练的过程中前进。

当然，为了使对自身强制确实有益于训练，它仅仅是一种手段而已。当人为让狗变得聪明训练它时，不会为鞭打而鞭打它,而是为了训练它。为此目的,只是当它没有做好某个练习时才鞭打它。若我们不讲方式地鞭打它,结果会使狗无法进行任何训练,而这正是糟糕的苦行主义造成的结果。

自身中的强制只有源于理性时(以履行人们明确设想的职责)——或是当它被强加上神恩的不可抗拒的推动力时(这时,强制就并不源于自身了)——才是可行的。

造成我的困难的根源是由于疲劳和缺乏生命力,我处于正常活动水平之下。若有某物抓住我,将我托起,我就高于这种水平。这时,我会为在一般活动上浪费的时间而感到不幸。在其他时间中,我会对自己施加无法从我自身提取的强制。

我会接受由此而生的异常行为。但我知道,我认为我知道:我不应该这么做。异常行为包含着疏忽他人的罪过,它于是把我囚禁起来。

那用的是何种方法呢?

"如果你愿意,你可使我变得纯洁。"[1]

我应当训练自己把努力的感情转化为被动受苦的感情。尽管拥有这种感情,当上帝给予我痛苦时,我还是不得不承受必须承受的一切。为什么面对职责,不以同

---

[1] 摘自《福音书》。——原编者注

样方式去做要做的一切呢？

高山，岩石，都落在我们身上吧，把我们藏起来，远离愤怒的羔羊。

此时，我应该忍受这种愤怒。

不要忘记，圣十字若望（Saint Jean de la Croix）说过，逃避简便而低下的义务的启示来自坏的方面。

启示赋予我们的职责是铲除"我"（le moi），而我却让如此宝贵的工具闲置生锈。

应在规定的时间尽职，以确信外部世界的实在。

应确信时间的实在。否则，就是沉迷于幻想。

多年前，我就认识到自身的这种缺陷，并认识到它的严重性，但并未为消除它做任何努力。我为此能找到怎样的借口呢？

而这种缺陷，在我 10 岁以后，是否在我身上扩大了？但无论这种缺陷有多大，它已停止发展，这就足够了。如果它大到使我无法在此生消除它，并且无法达到完美境地的话，就应当接受它，就像怀着爱心去接受存在的一切。我知道它存在，知道它不好，知道它不再扩大，这就够了。但确实知道三者中的任何一个，确实知道这全部三者，就意味着消除缺陷的过程已经开始，并不断继续。如果说这个过程并未发生，那就标志着我并不真正了解我所写的一切。

既然为了生活我拥有能量，那我身上就蕴含着必要的能量。我应当从自身中汲取能量,即使为之丧生。

除了不断的内心祈祷之外,没有其他的善—恶标准。凡是不打断祈祷的东西都是许可的,凡是打断祈祷的东西都要禁止。人在祈祷时,不可能伤害他人。但应该是真正的祈祷。在能达到这种境地之前,应当运用自己的意志抵制循规蹈矩。

希望在于认识到自身中带有的恶不再扩大,认识到灵魂向着善的方向哪怕最微小的移动,哪怕仅仅是一瞬间,就是消除一点恶;认识到在精神领域里,任何善都必定产生善。凡不知道的人注定要受达那伊得斯①那样的刑罚。

在纯精神领域,必定是善产生善,恶产生恶。反之,在自然领域(包括心理领域),善与恶相互生成。因此,只有进入精神领域,人才会有安全感——人在精神领域中不可能从自身获取任何东西,但却在这个领域中期待着一切。

---

① 达那伊得斯(Danaides):希腊神话中埃及王达那俄斯的女儿,共五十人,其中除许珀耳涅斯特拉外,四十九人都奉父命在新婚之夜把丈夫杀死。后来许珀耳涅斯特拉的丈夫林扣斯把达那俄斯和他的四十九个女儿杀死为兄弟报仇。她们死后被罚永远在地狱中往一个无底的水槽里注水。

知性与神恩

我们通过知性得知,知性不理解的东西要比它理解的东西更真实。

信仰,即对"知性被爱照亮"的体验。

不过,知性应通过其特有的手段——验证和演示——认识到爱的至高地位。知性只有在知道为什么、并且十分准确、清楚地知道时,才应该服从。否则,知性的服从就是错误,它服从的东西,尽管贴着标签,也与超自然的爱互不相干。比如说社会的影响。

谦卑的品德在知性领域里,不是别的,只不过是关注的权力。

不适当的谦卑会使人认为,作为自我、个人的存在,人是微不足道的。

真正的谦卑则认识到,作为人,更概括地说作为造物,人是微不足道的。

知性在其中占有很大比重。应当胸怀宇宙。

当我们聆听巴赫的作品或格里高利（gregorienne）单旋律圣歌时，心灵的各种官能都紧张起来并且保持沉默，为的是以各自的方式领悟这精美绝伦的优美。知性渗入其他官能，它在聆听中无所肯定也无所否定，却从中获得滋养。

信仰，难道不是这种类型的结合吗？

人把信仰的秘密蜕变为成肯定或否定的对象，其实这些秘密应当成为沉思的对象。

知性在真正的爱中作用特殊：那是因为知性的本质在于它在发挥作用的同时正在消失。我可努力追求真理，但当真理来临时，真理存在，我却无所作为。

没有任何东西比知性离真正的谦卑更近。在知性确实得到发挥时，人不可能引以为傲。当知性得到发挥时，人并不与之相连。因为人们知道，即使在此后或余生中自己会变成白痴，真理却继续存在着。

天主教信仰的奥秘并不是为灵魂的各部分所信。基督在圣体饼中的出现与保罗的灵魂在保罗的身体中的出现并不相同（两者均为完全不可思议，但方式不同）。对于我的领会事实的那部分来说，圣事圣体不应当是信仰的对象。这是新教的真理所在。但是基督在圣体饼中并不是一种象征，因为象征是抽象和形象的结合，是某种对于人的知性来说可被表示的东西，并不是超自然的。在这方面，是天主教徒而不是新教徒更有道理。只有自身为超自然而生的那部分才应当与这些秘密结合。

知性的部分——我们身上肯定和否定、发表见解的部分——仅仅是服从。我设想为真实的一切，并不比我无法设想它是否真实但却是我所爱的更真实。在那些受过基督教教育的人身上，心灵的内在部分同这些秘密紧密相连，而它们却并没有此种权利。因为这些人需要接受某种净化，圣十字若望为净化的各阶段做过描述。无神论、不信神论与这种净化势均力敌。

发现新事物的欲望使思想不能停留在已被发现之物的超越的、不可表象的意义上面。由于我毫无才华，禁止这种欲望是我得到的重大恩惠。承认并接受这种知性天赋的缺失，迫使人进行知性的无功利的训练。

探求的目标不应是超自然，而是世界。超自然是光芒：若把它当作目标，就会降低光的强度。

世界是具有多种意义的文本，人通过劳动从一种意义进入另一种意义。这是身体始终参与的劳动，就像学习外语字母表的情况：人由于不断重复抄写字母，就应该能掌握字母表。除此之外，思想方式的任何变化都是空谈。

不要在各种意见之中做选择：应当兼收并蓄，并把它们垂直地排列起来，分别安置在适当的层次上。

比如偶然，命运，天意。

知性永远无法深入秘密，但它——也唯有它——能够明白用于表达奥秘的词语是否合适。为此，知性应比为其他用途要更敏锐，更具洞察力，也更加精确、严谨、严格。

希腊人曾认为，唯有真理才适用于圣事——而不是谬误或不精确的事物，而某些事的神性又使希腊人对准确性的要求变得更加苛刻。（我们做的正相反，我们被惯常的布道扭曲了。）正因为他们在几何学中看到了神示，他们才发明了严格的证明……

应该在人与超自然的多种关系中，去寻找比数学更高的精确性；应该比科学更加精确。[1]

笛卡儿意义上的理性，也就是机械论或可由人表述的必然性，应该在一切可能的地方得到设定，以阐明什

---

[1] 这里又是一种只有在无法言喻中才可解决的矛盾：奥秘生活只由神灵专断，却又服从于严谨的规律。十字架的圣约翰画出了灵魂走向上帝的几何图形。——原编者注

么对它来说是不可还原的。

理性的运用使事物对精神成为透明的。但人是看不见透明的。人通过透明看到不透明，当透明曾经是不透明时，不透明被掩盖。我们看到玻璃上的灰尘，或看到玻璃后的景物，但永远看不到玻璃本身。擦去灰尘只使人能看到景物。理性只有为寻求真正的秘密，寻求真正的不可证明之物即实在之物时，才能发挥它的功能。不被理解之物掩盖了不可理解之物，为此，应该消除前者。

今天，科学将在自身之上寻找灵感之源，否则就将消亡。

科学只有三种意义：1. 技术运用；2. 棋类游戏；3. 通往上帝之路。（棋类游戏还辅有比赛、发奖和奖章。）

毕达哥拉斯定理。[①] 唯有几何学的神秘主义概念才能让这门科学在最初得到应有的重视。此外，这是否承认天文学源于占星术、化学源于炼金术？人把这种演变关系解释为进步，然而专注程度却在变弱。超越的占星术和炼金术，在由星辰和实体的结合提供的各种象征中沉思永恒的真理。天文学和化学是超越的占星术和炼金术的衰落。作为魔法，占星术和炼金术衰落得更加厉害。

---

① 即勾股定理。

只有宗教的关注才是完全的关注。

伽利略。现代科学的原理是无限的笔直运动,不再是圆圈运动,因此,它不可能是通往上帝的桥梁。

从不曾对天主教的哲学做过清理。必须从里到外都进行清理。

阅　　读[①]

他人。把每个人（自己的形象）感知为一座囚禁犯人的监狱，环绕监狱的是整个世界。

厄勒克特拉[②]，是强大父亲[③]的女儿，最后沦为奴隶，把仅有的希望寄托在兄弟身上，她遇见的一位年轻人告诉她弟弟已死。绝望之际，她发现这位年轻人就是她弟弟。"她们还以为他是园丁。"认出陌生人是自己兄弟，就是在宇宙中认出上帝。

正义。时刻准备承认：当他人在场时，他与人所阅读到的东西（或人们设想中的他）不同。或更确切地说，在他人身上读到的，可能与人在他身上读到的完全不同。

每个人都在无声呼喊，为的是被别样地阅读。

---

① 在薇依的思想中，这个词的意思是：带有情感的阐述，对价值的具体评判。譬如，我看到一个人正在爬墙：我本能地（也许错了）在他身上"阅读"为贼。——原编者注

② 厄勒克特拉（Électre）：希腊神话中迈锡尼王阿伽门农和克吕泰涅斯特拉的女儿。阿伽门农被妻子及其奸夫杀害后，她把弟弟俄瑞斯忒斯托付给父亲好友抚养，弟弟长大后，两人共谋杀死母亲及其奸夫。

③ 指阿伽门农，特洛伊战争中希腊军队的统帅。

每个人都在阅读，但也被人阅读。这些阅读相互影响。强迫某人像人们阅读他那样阅读他自己（奴役），强迫其他人像阅读自己那样（征服）阅读您，这是机械论。往往是聋子之间的对话。

仁慈和非正义的定义只有通过阅读才能确立——因此就避免了任何定义。好贼[1]的奇迹并不是他想到了上帝，而是他在邻人身上认出了上帝。彼得在鸡叫之前不认基督为上帝。[2]

其他人因为发表虚假的预言或错误地阅读上帝而被杀害。

谁能自诩会正确阅读？

由于故意触犯正义，或者误读了正义，人可能变得不公正。但这几乎总是次要的。

对正义怀有怎样的爱，才能避免误读呢？

若人人都始终按照自己所读的正义来行事，公正与不公正之间的差别又是什么？

圣女贞德。今天郑重其事谈到她的那些人，几乎都会谴责她。但这些审判并不针对作为圣女的、贞洁的贞

---

[1] 据《福音书》，好贼、坏贼和基督同上十字架，好贼在死前皈依。
[2] 据《新约》，彼得是耶稣特别器重的三个使徒之一（另两个是雅各、约翰）。他与耶稣关系密切，是耶稣的积极拥护者。他称耶稣是永生上帝之子。但他在耶稣被捕后动摇过，怕连累自己，三次不认耶稣。

德，针对的是巫女、异端等。①

误读的原因：舆论，偏见。

舆论是极重要的原因。人们在圣女贞德的故事中，读到当代舆论的千篇一律。但当代舆论曾经是不确定的。而基督呢……

在虚设的道德问题中，没有污蔑的市场。

如果无辜得不到承认，还有什么希望？

阅读。阅读——除了某种关注的品质——服从于重负。人通过重负的启示而成的舆论（在我们对人、对事件的判断中，偏见和社会的因循守旧的主导方面）进行阅读。

若有更高度的关注，人就会阅读重负本身，以及各种可能的平衡体系。

重叠的阅读：阅读感觉后面的必然性，阅读必然性后面的指令，阅读指令后面的上帝。

"不要审判。"基督本人不审判。他就是审判。作为衡量尺度的无辜在受难。

---

① 参见《福音书》有关"误读"的作者的那些文章："原谅他们吧，主啊，因为他们不知自己所为……时辰已到，使你遭害的人以为向上帝致意。"——原编者注

审判，未来的审判。在这个意义上，一切审判都在审判审判者。不要审判。这并不是冷漠或节制，而是超验的审判，仿效对我们来说是不可能的神的审判。

盖吉兹指环[1]

其他的文明。有人举出其他文明的缺陷，以证明这些文明所依托的宗教的弱点。然而，在欧洲长达近20个世纪的历史中，很容易发现至少是等同的缺陷。摧毁美洲的大屠杀，摧毁非洲的奴隶制，征服法国南部地区的屠杀，这些比起希腊人的同性恋和东方的饮酒纵乐有过之而无不及。但有人会说，虽然在欧洲基督教是完美的，但还存在这些缺陷，而在其他文明中，缺陷的存在则源于宗教的不完美。

经过长久沉思，这是针对错误的机械论的优先例证。另当别论。在赞赏印度或希腊时，把恶与善联系起来。在赞赏基督教时，则对恶另当别论。[2]

在不知不觉中另当别论，这才是危险所在。更糟的是，有意地另当别论，而且是偷偷摸摸地故意这么做，

---

[1] 盖吉兹（Gygès,？—前644），希腊传说中小亚细亚吕底亚国的牧羊人，偶然获得一枚指环，传说就具有了隐身法。最后成为吕底亚国国王。

[2] 在此，薇依选用了一个不太合适的例证说明一个深刻的真理。当基督徒（如宗教裁判所的法官）施行残酷暴力，可以清楚看到，尽管他信教——基督教首先要求人的是仁慈，他还是要这样做。但当一名纳粹分子这样做时，则是把他的行为（至少部分地）归于他信奉的主义，因为纳粹主义使暴力合法化。——原编者注

然后就不再知道自己已另当别论。人们不想知道这一点，就强迫自己不去知道，终于导致不可能知道了。

这种另当别论的特性会造成各种罪恶。对于外在于教育、训练在其中紧密相连的领域之外的一切，这种特性是绝对许可的钥匙。正是这一点使人的行为如此不和谐，特别是当社会介入时，会酿成集体的情绪（战争，民族仇恨和阶级仇恨，某派别、某教会的爱国主义，等等）。社会事务的名声掩盖的一切和其他东西并不放置在同一地方，并且避免了与其他事情的某些关联。

当人禁不住寻欢作乐的诱惑时，也使用这把钥匙。

当我把应尽的义务一推再推时，我使用这把钥匙。我把义务同时光的流逝分离开来。

没有什么比扔掉这把钥匙更让人喜欢的了。应该把它扔到井底，让人永远无法找到它。

盖吉兹环（l'anneau de Gygès）变成隐身物，正是另当别论的行为。把自己和自己所犯的罪过另当别论。不在两者之间建立联系。

扔掉钥匙、扔掉盖吉兹环的行动，这是意志本身的努力，是走出洞穴的痛苦和盲目的行动。

盖吉兹。我成了国王，而另一位国王已被谋杀。二者之间毫无关系。这就是盖吉兹环。

厂主。我享受这样的或那样的奢华，而我的工人们贫困穷苦：他可能会十分真诚地同情工人，但并不把二者联系起来。

因为，若思想上不加以联系，任何关系便不会形成。若没有从思想上把它们相加为四的话，二和二始终是二和二。

我们憎恨那些设法让我们形成我们并不愿意形成的关系的人。

公正在于在类似的事物中建立起"位似的"① （homothetique）术语之间的同一关系，甚至其中一些同我们本身有关，对于我们来说，它们是依恋的对象。

这种品行位于与自然和超自然的接触点上。它属于意志和清晰的智性范围，因此属于洞穴范围（因为我们的清晰正是黑暗），但是，若我们不进入光明中，我们便无法在其中坚持下去。

---

① 位似，几何术语。

宇宙的意义[1]

我们是应仿效大全的那一部分。

Lâtman。[2] 人的灵魂应该把整个宇宙当作自己的身体。人的灵魂与整个宇宙的关系,就像收藏家的灵魂与他的收藏之间的关系,就像临死前高呼"皇帝万岁"的战士的灵魂同拿破仑之间的关系。灵魂出离,进入到其他东西中去。人的灵魂应该进入到整个宇宙之中。

同宇宙本身保持一致。凡不及宇宙之物都要承受苦难。

我死无妨,宇宙仍在。如若我与宇宙相异,这并不能给我以慰藉。但是,如果宇宙于我就像另一个身体,那我的死亡对于我,就不再比一个陌生人的死亡更加重要。我的痛苦也一样。

---

[1] 灵魂和宇宙的同一化在此与泛神论没有任何关系。只有通过爱信奉超越自然的上帝,我们才能接受寓于宇宙之中的盲目必然性。参见:"这个世界由于全无上帝,因此就是上帝本身。"——原编者注

[2] Atman,梵文,指灵魂。可以指称个别的灵魂体,也可以众多的、集合体的灵魂体组合。也有人用此概念形容世界灵魂、宇宙灵魂。

对于我来说，宇宙之于我的身体，就是盲人手杖之于他的手。盲人的手实际上已丧失了感觉，他的感觉在手杖尖端。必须在手杖上练习。

把爱限于纯洁之物和把它延伸到整个宇宙，其实是一回事。

改变自己与世界的关系，就像工人通过学习改变自己与工具之间的关系。伤害：是专长回到身体。任何痛苦都让宇宙回到身体。

习惯，灵巧：把意识送到与自身相异的他物之中。

异于自身的是宇宙、四季、太阳、星辰。

身体和工具之间的关系在学习中发生变化。应该改变身体和世界的关系。

人不能摆脱依恋，而是改变依恋。依恋一切。

通过各种感觉去感受宇宙。是欢乐还是痛苦，这又有什么关系？如果一位久别重逢的亲爱者握住自己的手，手被握紧并被握痛了又有什么关系？

似天塌地陷的极度痛苦。但之后，恢复平静。若极度痛苦回来，平静随后也会到来。如果我们知道，极度痛苦变成对平静的期待，那它并不因此切断同世界的接触。

两种极限倾向：为宇宙而摧毁自我，或为自我摧毁宇宙。不懂得成为微不足道者的人，有可能会遭遇这样一个时刻：与他相异的一切都不复存在。

外部的必然或内部的急需，比如呼吸。"让我们变成主导的气息。"即使在胸部疼痛使呼吸变得极度困难时，我们还在呼吸，别无他法。

把身体的生命节奏同世界的节奏相结合，经常感受到这种结合，也感受到物质的永恒交流，正是通过这种交流，人与世界融合。

只要活着，人就不会失去任何东西：作为意志可控制的运动的呼吸；作为感知的空间（即使深陷囹圄、双眼被挖、鼓膜被刺破，只要人活着，就会感知空间）。

把人所欲求的、在任何境遇下都不能被剥夺的思想与上述这一切连接起来。

像爱自己一样爱他人，这并不意味着也爱所有的人，因为我并不同样地爱我自己的所有的生活方式。这也不意味着让人们永远免受痛苦，因为我不否认我自己去受苦。这意味着，每个人都拥有与另一种思考宇宙的方式不同的思考宇宙的方式相关的联系，但不是与思考部分宇宙有关系。

不接受世间事物，就是欲求世界不存在。这对于我，是权力之内的事；如果我愿意，我就会做到。于是我就成了世界的祸根。

民间的祝愿：欲望可能的危险在于这些欲望得到满足。

欲求世界不存在，就是要我——如此这般的我——成为一切。

但愿整个宇宙，从我脚下的石头直到最遥远的星辰，每时每刻都为我存在，正如阿涅斯（Agnès）之于阿尔诺尔夫（Arnolphe）①，或首饰盒之于阿巴贡（Harpagon）②。

如果我愿意，世界可属于我，就像宝藏属于守财奴。

但这是不会增加的宝藏。

顽强的"我"（Je）不但是我的痛苦的坚固根基，而且使这根基普遍化。

既然在上帝身上永远存在完美的快乐，那我从未感到过自身中的快乐，也就无关紧要了。美、知性和其他一切也是同样。

渴望拯救自己不是好事，那并不因为这是自私（人没有权力自私），而是因为这会使灵魂追求个别而偶然的简单的可能性，不去追求存在的圆满，不去追求无条件

---

① 莫里哀的《妇人学堂》中的人物。阿涅斯是阿尔诺尔夫的被保护人，阿尔诺尔夫欲娶这名年轻姑娘为妻，阿涅斯却爱上了年轻人奥拉斯。
② 莫里哀的《守财奴》中主要人物，他爱他的首饰盒胜过一切。

存在的善。

我所欲求的一切都存在,或曾经存在过,或将在某个地方存在。因为我不可能完全创造。既如此,怎么还不满意呢?

我曾情不自禁地想像他还活着,想像他的家,对于我,那可以是我们亲切交谈的地方。然而,想到他其实已经死了,会让人感到难耐的寂寞。铁一样的冰冷。还有其他可爱的人,这又与我何干?我爱他,伴随这种爱的是只与他相关的敞开心扉的交流,这种爱没有目的。现在,我不再想像他活着,他的死对于我已不再是无法容忍的了。回忆他于我是亲切的。但是,还有我并不认识的其他人,他们的死也会对我造成同样的影响。

D……并没有死,但我对他曾有的友情已经死亡,伴随着类似的痛苦。他从此只是一片阴影。

但我无法对 X……、Y……、Z……,设想同样的变化,据我所知他们不久前已死去。

正如父母无法设想孩子在三年前已死亡,同样,人无法想像从不认识那些自己所爱的人。

我觉得我似乎爱得很不够,否则,事情就不会这样发生。我的爱不依附于任何人,值得我爱的一切,都可以支配它。

"像天主那么完美……"像太阳普照大地那样去爱

吧。每个人都应该把爱带回自身,把它播散到万物上面。唯有上帝爱世上一切,而人只爱他自己。

对上帝的爱比想像的要难得多。

我的贫贱可能玷污整个宇宙,而我对之并无感觉,或者我把它汇集于自身。

承受想像和事实之间的不谐。
"我受苦"比"这风景太难看"要好。

不要企图在世界的天秤——宙斯的金天秤——上改变自己的分量。

尽管人只从母牛的乳房挤出牛奶,产奶的还是整头母牛。同样,制造神圣的是这个世界。

中　保[①]

一切造物于我并非目的。这就是上帝对我的慈悲。这本身是恶。恶是上帝的慈悲在尘世所取的形式。

这个世界是一扇关闭的门。它是一道屏障。同时又是一个通道。

在两间相邻的牢房里，有两名囚犯用手敲墙相互交流。墙把他们隔开，但也能让他们互相交流。我们与上帝之间也同样。任何分离都是一种关联。

我们把对善的全部欲求置于某物之中，把某物变成我们存在的一个条件。但是，我们却不能因此把它变成善。我们欲求的，和存在永远是两码事。

---

① 中保（metaxu, mediator）：指在上帝与人之间起作用的人，或是二者之间所起的中介作用。《新约》中通常指耶稣。中保的含义有三：一是代人乞求上帝，比如撒母耳替以色列人向耶和华呼吁，请求他救以色列人不受非利士人攻击。二是立约时的作用，如以色列人和上帝立约时，摩西做中保。三是献祭时祭司的作用，比如百姓到上帝前，必须由祭司介绍。

诸造物从本质上讲是中介物，是一些造物趋向另一些造物的中介，无休无止。这是趋向上帝的中介。如此感受诸造物。

希腊人的桥。——我们继承了下来，但并不知道有什么用处。我们以为，造桥是为了在桥上建造房屋。我们在桥上建起了摩天大楼，又在摩天大楼上不断地增添楼层。我们不再知道这些是桥，建造这些桥是为了从那里通过，并由此向上帝趋近。

唯有以超自然的爱去爱上帝的人才能只把手段当作手段。

强力（金钱，强权的万能钥匙）是纯粹的手段。正因此，这是所有还没明白的人的最终目标。

作为必然性领域的世界，除了手段，并不为我们提供任何东西。我们的意愿就像台球桌上的台球被不断地从一个手段推向另一个。

一切欲望都像对食物的欲望那样矛盾重重。我想要我爱的人也爱我。但是，若他对我全心全意，他自己就不复存在，而我也就不再爱他。但只要他不是全心全意，那他对我的爱就不足够。饥饿和饱食。

欲望是坏的并有欺骗性，但是若无欲望，人就不会寻求真正的绝对、真正的无限。必须由此而过。劳累使之失去补充能量——欲望的根源——的那些人是不幸的。

也是因欲望而盲目的那些人的不幸。

应该把欲望系在天轴上。

什么样的亵渎神灵是应该被摧毁的？不是低下，因为这无关紧要。也不是高尚，因为，就是愿意，人也无法到达。中保。中保是善和恶的领域。

不要剥夺任何人的中保，也就是这些相对和混杂的善（家园、祖国、传统、文化，等等），它们温暖并滋养着灵魂，若没有它们，人在圣洁之外的生活就是不可能的。

人世间真正的善是中保。只有把自己拥有的善视为中保，才可能尊重他人的善，这意味着人们已经上路，但目标是可以但无须到达之点。例如，为尊重外国人的祖国，应把自己的祖国视作通向上帝的阶梯，而不是偶像。

所有官能自由发挥作用，遵循统一的原则又不相互混杂。这是微观宇宙，是世界的摹本。用圣托马斯的话说：这就是基督。理想国的义人。柏拉图的专门化，说的是在人身上官能的专门化，而不是人的专门化。等级也一样——俗权只有通过并相对于教权才有意义，但它并不同教权相混杂。它通过怀念、超越而通往教权。俗权就像桥，像中介。这是希腊和普罗旺斯的天赋。

希腊人的文明。对暴力无任何迷恋。俗权只是桥梁。在各种精神状态中，他们只寻求纯洁，而不是紧张。

美

美是偶然与善的和谐。

美是必然,美始终并且独独遵循自身固有的法则,美服从善。

科学的对象:作为超验和必然的美(即秩序、比例、和谐)。
艺术的对象:可感和偶然的美,通过偶然和恶织成的网所感知的美。

自然界中的美:感性印象和对必然的感知的结合。(首先)理应如此,确切地说事情就是这样。

美诱惑肉体,为的是获得通往灵魂的许可。

美在诸多对立面的统一中,包含着瞬间和永恒的统一。

美是可以静观的东西。一座塑像，一幅绘画，人可以观赏几个小时。

美，是人可以关注的。

格里高利圣咏音乐。当人每天咏唱几个小时同样的曲调时，即使是接近最佳水平的乐曲也会让人无法忍受而自行消亡。

希腊人过去瞻仰他们的神庙。我们则接受卢森堡公园里的塑像，因为我们不瞻仰。

一幅可以挂在被判无期的犯人的牢房里的绘画，并不意味着残酷惩罚，而是正相反。

惟有希腊剧场剧①是真正的美。除了《李尔王》，莎士比亚的悲剧都属二流。除了《费德拉》，拉辛的悲剧都属三流。而高乃依的悲剧是不入流的。

每件艺术品都有作者，然而，当它完美无缺时，它就具有某种在本质上匿名的因素。它仿效匿名的神性艺术。这样，世界之美证明上帝既是人的也是非人的，又既不是人的也不是非人的。

美是一种保持距离的肉体的诱惑，意味着一种弃绝，

---

① 亚里士多德在《诗学》中把古希腊戏剧的特点归纳为"三一律"，即时间、地点、表演的一致。

也包括最内在的弃绝，弃绝想像。人要吞食欲望的其他一切对象。美是人欲求但不愿吞食的一切。我们希望事情如此。

保持静止，与人之所欲却不可接近之物相结合。

人这样与上帝结合：人不可能接近上帝。

距离是美的灵魂。

注视和期待，这是与美相符的态度。只要人能想像、欲望、希望，美就不出现。因此，在任何美之中，都存在着不可还原的矛盾、苦涩、不在场。

诗歌：不可能存在的痛苦和欢乐。撕心裂肺的碰触、怀念。这就是普罗旺斯和英国诗歌。努力追求纯净而且无任何杂质的快乐会使人痛苦，而努力追求纯净而且无任何杂质的痛苦会使人平静。

美，是人注视着而又不伸手获取的水果。

美，同样是人毫不退却注视着的不幸。

下降的双重运动：通过爱重造重负之所为。下降的双重运动不就是一切艺术的关键吗？①

---

① 下降直至钻透……同样，在另一层次上，伟大艺术通过爱同重负相结合来弥补重负。——原编者注

下降的运动作为神恩的镜子，是一切音乐的本质。其余则只是用来收拾残骸。

音符的上升是纯感觉的上升。下降既是感觉的下降，又是精神的上升。这就是所有人渴望的天堂：自然的斜坡让人向着善上升。

凡在我们身上唤起纯净真实的美的感情的作品中，其实都有上帝在场。在尘世中有一种类似上帝的道成肉身的东西，美则是其标志。

美是道成肉身成为可能的经验证明。

由此，凡一流艺术在本质上都是宗教的（这正是今天人所不知的）。格里高利音乐表现的与殉难者死亡表现的是同样的东西。

如果说美是上帝在物质中的真实在场，如果说与美的接触从这个词的全部意义上讲是神圣的，那怎么会有这么多邪恶的美学家？尼禄。[①] 这是否类似于领圣体作黑弥撒（messes noires）者的饥饿？或者，这些人更有可能并不热衷于真正的美，而是一种丑恶的模仿？因为，世上存在神圣艺术，也存在恶魔艺术。尼禄热衷的无疑是后者。我们的艺术中的恶魔艺术占很大比重。

[①] 尼禄：罗马皇帝，公元54年即位，为保住皇位杀死义弟、母亲、妻子等。他热衷于希腊文化，特别是音乐、诗、竞技。公元64年罗马大火，他把火灾归罪于基督徒，大批教徒殉教。

酷爱音乐的人很可能是邪恶的人——但我难以设想他会渴望格里高利的圣乐。

我们一定是犯下了必遭诅咒的罪过,因为我们已失去了全部宇宙的诗歌。

艺术并无即刻的未来,因为任何艺术都是集体的,而现在不再有集体生活(只有死亡的集体),还因为身体和灵魂之间的真实契约中断了。希腊艺术与初始几何学和田径、中世纪艺术和手工业、文艺复兴时期的艺术和早期机械学等等相遇相知。自1914年以来,这些联系就完全被切断了。喜剧本身几乎无法产生,只有讽刺作品占有一席之地(何曾有过比现在更易于理解尤委纳尔[①]的作品的时候?)。艺术只有在大混乱中才能再生——当然是惊心动魄的艺术,因为不幸会使许多事情变得简单——因此,你完全不必羡慕达·芬奇或巴赫。今天,伟大应该另辟蹊径。伟大只能是孤独、晦暗的,没有回应的……(然而,不存在没有回应的艺术。)

---

① Juvénal(约公元60—公元140),拉丁语诗人,著有讽刺时弊的诗作。

代　　数

金钱、机械、代数——当今文明的三大魔王——完全类同。

代数和金钱在本质上讲是起测量作用，前者针对知性，后者针对功效。

普罗旺斯农民50年来不再像赫西俄德①所描述的希腊农民那样生活。那个时代前后希腊人所设想的科学遭到毁灭。金钱和代数同时取胜了。

符号与"所指"（signifié）的关联在消亡；符号之间的交换游戏，通过自身也为着自身而繁殖增多了。不断增加的复杂情况要求的是符号的符号……

切勿忘记，现代社会的诸多特征之一是：无法具体思考力量及其结果之间的关系。太多的中间媒介。正如

---

① Hésiode（公元前8世纪），希腊诗人。

在其他情况中那样，这种关系不寓于任何思想中，而是寓居于物中：那就是金钱。

由于集体的思想不可能作为思想而存在，它进入物中（符号、机器……）。由此产生这样的悖论：物在思维，而人却沦为物的状态。

根本不存在集体的思想。反之，科学和我们的技术一样，都是集体的。专门化。人继承的不仅是成果，还有人们并不理解的方法。此外二者是不可分离的，因为代数的成果为其他科学提供诸多方法。

对我们的文明做一次清点或是批评，这意味着什么？那就是努力以准确的方式弄清楚把人变成自己制造的奴隶的那个陷阱。无意识是由何处渗入我们方法论的思维和行动之中？躲到野性生活中去是懒人的解决办法。应当在我们自身的文明中重新找到精神与尘世之间的原初契约。由于生命的短暂，由于无法实现的合作与继承，这个使命无法完成。这并不是为不去完成它找到一个理由。我们所处的境地与苏格拉底类似——他在狱中等待死亡、学习演奏里拉琴（lyre）的时候……至少，人们将来会经历……

屈服于数量重压的精神，其唯一的标准是效力，别无其他。

现代生活沉湎于放任无度。放任无度侵蚀一切：行动和思维、公众和私人生活。由此造成艺术的堕落。任何地方都失去平衡。天主教运动部分地是抵制此倾向的反应，至少天主教的仪式没有受到影响。但是，仪式同生活的其余方面无任何关系。

资本主义完成了对相对自然而言的人的集体性的跨越。但是，这个集体性对于个人来说接替了先前由自然行使的压迫功能。

即使从物质上讲这也是事实。火、水等一切自然力量，集体均已占有。

问题在于：能把社会取得的这种解放转移给个人吗？

社会字母

只要行动和效果、努力与成果之间有外来意志的干预，人就是奴隶。

这既是今日奴隶的处境，也是主人的处境。人从不曾面对自身活动的境遇。社会在自然与人之间竖立起屏障。

面对的是自然而不是人，这是唯一的纪律。屈从于外来的意志，就是当奴隶。然而，这是所有人的命运。奴隶依附于主人，主人依附于奴隶。这种境况或使人哀求或使人暴虐，或两者兼有（omnia serviliter pro dominatione）。相反，面对了无生气的自然，人除了思考别无他法。

总之，压迫这个概念是愚蠢的：只要读读《伊利亚特》就足矣。因此，更不用说压迫阶级这个概念了。可谈的仅仅是社会的压迫机制。

奴隶与公民之间的差别（孟德斯鸠、卢梭……）：奴隶服从其主人，而公民服从法律。主人可能十分和善，法律却可能非常严厉：这丝毫改变不了什么。一切都在于任性和法则之间的距离。

为什么任性行事就是受奴役？幕后的原因在于灵魂和时间的关系。顺从专断的人被悬置在时间的流逝中；他把希望寄托在（这是最令人屈辱的处境……）下一瞬间的馈赠。他不能支配自己的时间；现在对于他不再是压在未来上面的杠杆。

面对诸物，解放精神。若依附于人，那自己在人前就会受到轻视，这是因为，这种依附具有屈从形式，或者具有发号施令的形式。

为什么这些人介于自然和我之间？

永远不要注重某种你不了解的思想……（因为这会使人受偶然的摆布）

解决方法：除了兄弟般的情谊，待人就像看风景，永远不寻求友谊。在人群中生活就像置身从圣艾梯安至勒浦依①的车厢里……尤其永远不要允许自己欲求友谊。一切都要付出代价。把希望寄予你自身。

强者从压迫的某种程度起，必然会得到奴隶们的崇爱。因为绝对被压制，做他人掌中玩物，这种思想于人

---

① 圣艾梯安（Saint Etienne），勒浦依（Le Puy）：法国城市，薇依曾在这两地任中学教师。

而言是难以忍受的。从此，摆脱强制的一切途径都会让人兴奋不已，他没有其他办法，只有说服自己相信：别人强迫他去做的事情，他自愿去完成，换言之，用忠诚替代屈从。有时他甚至会尽力去做比别人强迫他完成的更多的事，少受些痛苦。这同下面的现象类同：孩子们玩耍时，会笑着忍受肉体之苦。倘若这种皮肉之苦被当作对他们的惩罚手段，就会让他们感到受压。奴役正是通过这种迂回的方法使灵魂变得卑下。事实上，这种忠诚是建立在谎言之上，因为它成立的理由经不住检验。（在这方面，天主教服从的原则应被视作解放的原则，而新教的原则是建立在牺牲和忠诚的基础上。）拯救灵魂的唯一途径，就是用必然的观念，而不是用忠诚的幻想去代替难以忍受的强制的思想。

相反，反抗若不马上体现在准确而有效的行为中，随之而来的由于感到无能为力而产生的刻骨铭心的屈辱，就会让反抗就走向反面。换言之，压迫者的主要支柱正在于受压迫者的无力反抗。

在这个意义上讲，可以写出一部拿破仑新兵的小说。

忠诚的谎言也欺骗着主人……

始终把掌权的人物视为危险之物。在尽可能的程度上提防着，而不可轻视自己。倘若有一天，人们要被迫抗击强权而粉身碎骨，否则就被视为懦夫，那么就把自己的失败视作物本性的胜利，而不是人的胜利。人可能被囚牢中，被带上镣铐，同样也可能失明或瘫痪，这没什么差别。

在强制的服从中，唯一保持尊严的方法是：把领袖视作物。每个人都是必然性的奴隶，但是有意识的奴隶要高明得多。

社会问题：把必不可少的超自然部分限制到最少，以使社会生活得以松口气。让超自然部分增长的一切都是坏的（这是在试探上帝）。

应当尽己之所能铲除社会生活的不幸，因为不幸只为神恩所用，而社会并不是一个上帝选民的社会。对上帝的选民来说，总会有足够多的不幸。

猛　　兽[①]

猛兽是偶像崇拜的唯一对象，是上帝唯一的替代，是无限远离我并且就是我的对象的唯一摹本。

若能做到自私，是很美妙的事。这就是安息。但人确实无法做到。

我无法把自己当作目的，因此也不可能把我的同类当作目的，因为他是我的同类。我也不可能把任何物质对象当作目的，因为物质比人更无法合乎目的性。

尘世间唯有一样东西可当作目的，因为它相对于人具有超越性质，这就是集体。集体是一切崇拜偶像的对象，正是集体把我们共系于大地。吝啬：黄金是社会的组成部分。野心：权力是社会的组成部分。科学、艺术也是。爱呢？爱或多或少有些例外；因此，人可通过爱，而不是通过吝啬或者野心走向上帝。但社会并不缺少爱（由权贵、名人、所有有威望的人引发的激情）。

---

① 关于此神话的渊源，请参见柏拉图的《理想国》第6卷。——热爱"猛兽"，就是按照众人的偏见和反应来思维和行动，有损于个人对真理和善的一切探求。——原编者注

善有两种，虽然名称相同，其实迥然不同：与恶相反的善和作为绝对的善。绝对并无对立面。相对并不是绝对的对立面，它是通过不可交换的关系派生出来的。我们所要的，就是绝对的善。我们所能达到的，是与恶相关的善。我们听凭自己错误地走向这种善，就像君主要爱女仆而不是女主人。正是外衣造成谬误。是社会在相对上面涂上绝对的色彩。补救办法就在关系的观念之中。关系猛然从社会中走出。它是个人的极权。社会是洞穴，孤独是出口。

关系属于孤独的灵魂。任何群体都不设想关系。这是好还是坏，是对于……，是就……而言的。这与群体不相干。群体不做加法。

凌驾于社会生活之上的人，若愿意可返回其中，而身处社会生活之下的人则不然。一切皆如此。最佳和最次之间的关系不可互换。

善不进入植物和社会这两个领域。

基督救赎的是植物而不是社会。他不曾为尘世祈祷。

社会绝对是尘世间权贵的领域。除了限制恶，人对社会不承担任何其他义务。（黎塞留[①]：只能在尘世救赎国家）

---

① 黎塞留（Richelieu, 1585—1642）：法王路易十三的宰相，天主教枢机。

一个像教会那样宣称神圣的社会，也许由于它包含着善的替代物而比玷污它的恶更加危险。

贴在社会上面的神圣的标签：包含令人陶醉的各种允诺的混合。乔装的魔鬼。

意识被社会滥用。额外的（想像的）能量大都悬搁于社会之中。应该把它分离出来。这是最难的分离。

对社会机制的沉思在这方面是最重要的净化。

对社会的静观与脱离尘世是同样良好的方法。因此，我如此长时间地接触政治并没有错。

只有进入超越，通过超自然和真正的教权，人才变得高于社会。至此，不管社会做什么，事实上，它相对于人都是超越的。

在非超自然方面，社会像栅栏那样和恶（和恶的某些形式）分离；一个罪犯或坏人的社会，即使人数不多，也会拆除栅栏。

但是，是什么促使人进入这样的社会呢？或者是必然性，或者是轻率，或者更经常的是二者的混合。人并不认为自己介入其中，因为他并不知道，除了超自然，只有社会能阻止人自然而然地进入最残忍的各种罪恶形式。人并不知道自己将变成他物，因为他不知道通过外部可改变的领域在自身中能走向何处。人总是不知不觉地介入其中。

罗马，这是无神论、唯物论的猛兽，它只钟爱自身。以色列，是宗教的猛兽。二者都不让人喜欢。猛兽总是令人厌恶。

是否一个只凭重负统治的社会才可生存？或者，生命的必然有些超自然？
在罗马，也许仅有重负。
在希伯来人那里，情况可能相似。他们的上帝是沉重的。

也许唯一绝对没有神秘主义的古代国家是罗马。由于何种奥秘？逃亡者人工制造的城邦，比如以色列。

社会力量。几个人达成的一致包含着对现实感受，也包含着一种责任感。对这种一致而言，差距显现为罪过。由此，任何突变都可能发生。适应的状态是对神恩的模仿。

通过某种特殊的秘密——它系于社会的力量，为了相互关联的对象，职业赋予一般人某种品行，这种品行若扩展到生活的各种境遇中，就会把他们造就成英雄或圣人。

但社会的力量使这些品行成为自然的。因此，它们需要得到回报。

法利赛人说："我告诉你，事实上他们得到了报酬。"反之，基督谈到税吏和妓女时可以说：我告诉你，事实上他们受到了惩罚，即社会的谴责。当他们受到谴责时，隐蔽的天主并不惩罚他们。没有遭到社会谴责的罪过，受到隐蔽的天主的全面惩罚。因此，社会谴责是命运的恩惠。但是，那些在社会谴责压力下为自己制造离心的社会环境，以使他们可以为所欲为的人，社会谴责转化为额外的恶——罪犯和同性恋的圈子，等等。

假上帝（不管化成何种肉身的社会猛兽）的服务，消除了恐惧，使恶得到净化。对接受服务的人而言，没有丝毫不适，除非服务不周到。但是真上帝的服务没有消除对恶的恐惧，甚至使之变得更加强烈。人所惧怕的恶，同时又为人所热爱，把它当作上帝意志的体现。

今天，有些人相信对手之一是属于善的，那他们也相信他将会取胜。[1]

面对如此热爱的善，如同受到近期发生的事件进程的审判一样，是无法容忍的痛苦。

---

[1] 这些话写于1942年。——原编者注

想到不复存在者可能是一种善,这是件痛苦的事,人会退而避之。这正是对猛兽的屈服。

"很少得宽容者爱心少。"这说的是注重社会德行的人。在这种人身上,神恩并无多少自由的空间。服从猛兽以适应善,这就是社会德行。

服从猛兽而保持品德者,是法利赛人。

在任何国家,仁慈能够并且应当热爱构成个体的精神发展条件的一切,也就是说,一方面是社会秩序——即使不佳也不会比无序更糟;另一方面是语言、仪式、习俗,属于美的一切,以及包含国家生活的全部诗歌。

但是,这样的民族不能成为超自然的爱的对象。这样的民族没有灵魂。这是猛兽。

那城邦呢……

城邦并非社会,它是人的环境,除了呼吸到的空气,人对之并没有更多意识。这是与自然、过去、传统的接触。

扎根是与社会不同的另外的事情。

爱国主义——人除了仁慈,不应该有其他的爱。民族不应该是仁慈的对象。但一个国家作为永久传统的环境载体,可以成为仁慈的对象。所有的国家都可以。

以色列①

基督教国家变成集权、好胜、残杀的国家,因为它并没有发展此世上帝不在场和不作为的概念。基督教国家像热爱基督一样热爱耶和华,以《旧约》的方式设想上帝。唯有以色列能够抵抗罗马,因为以色列与罗马相似,而新生的基督教在成为帝国官方宗教之前,已经沾染了罗马的污迹。罗马犯下的罪恶从没有得到真正的清算。

上帝向摩西和约书亚②的应许纯粹是世俗的,那是埃及追求灵魂的永久救赎的时代。希伯来人拒绝了埃及人的启示,拥有了与他们自己相称的上帝:肉身和集体的上帝,他直至流亡都不曾同任何人的灵魂对话(《圣经》

---

① 以色列(Israel):《旧约》中的人物。犹太人第三代祖先雅各。雅各从巴旦亚兰返回迦南,走到雅博渡口遇到一个天使,雅各与天使角斗直到天明,天使没能取胜,就说:"你不要叫雅各,要叫以色列,因为你与神人角力都得胜了。"从此雅各改名以色列。传说犹太人又叫以色列人,就来源于这个故事。

② 约书亚(Joshua),《旧约》中的人物,他在摩西率以色列人离开埃及后成为摩西的助手,摩西死后,他继任以色列人领袖。

的《诗篇》除外）……在《旧约》故事中，唯有亚伯①、以诺②、挪亚③、麦基洗德④、约伯⑤、但以理这些人物是纯洁的。毫不奇怪，一个受奴役的逃亡民族，夺得了一块诸多文明耕耘过的土地——他们从未对这些文明付出过任何努力，反而对文明屠杀摧残——这样一个民族不可能有所作为。对这个民族，谈什么"教诲的上帝"，那是天大的笑话。

在我们这样的从根上腐烂并且受弥天大谎启迪的文明中，有如此多的恶存在，就不足为奇了。以色列的不幸重压在基督教民族身上。酷刑、宗教裁判所、对异教徒和对教会不忠者的清洗灭绝，这就是以色列。资本主义，这就是以色列（这在某种程度上尤为真实……）。集权主义，这就是以色列，尤其在它最凶险的敌人的国度。

在人和上帝之间，只有通过中保才可能有个人的接触。除了中保，上帝对于人的显灵只可能是集体的、民

---

① 亚伯（Abel），《旧约》中的人物，人类始祖亚当和夏娃的次子，牧羊人。遭哥哥该隐嫉恨被杀，被赞为义人、诚信者。

② 以诺（Enoch），《旧约》中的人物，亚当之子塞特的六世孙，雅列的儿子，因笃信上帝活到365岁，被犹太教奉为诚信上帝的典范。

③ 挪亚：《旧约》中的人物，亚当之子塞特九世孙。在上帝要灭绝世人和生灵而让洪水泛滥时，挪亚坚持行义，上帝命他造一方舟，登舟避难。难后挪亚要做农夫，经营葡萄园，成为人类的新始祖。

④ 麦基洗德（Melchizedek），《旧约》中人物，撒冷王。"至高上帝的祭司"。

⑤ 约伯（Job），《旧约》中的人物，被誉为"敬畏上帝"的正直之人，最后得到上帝的恩赐。因接受考验时财产丧尽，死时一贫如洗。

族的。以色列同时选择了民族的上帝又拒绝了中保；它也许时不时地走向真正的一神论，但总是跌落下来，它不可能不跌落到犹太部落的上帝那里。

同超自然有接触的人从本质上讲是君王，因为他以无比渺小的形式在社会中成为超越社会秩序的在场。

但是他在社会等级中占有的位置完全无关紧要。

至于社会等级中的大人物，只可能是那些获得猛兽大部分能量的人。但他不可能同超自然有关。

摩西、约书亚，就是攫取了很多社会能量的人的超自然部分。

以色列是超自然社会生活的一种尝试。可以认为，以色列在这方面取得了良好成绩。重新开始没有什么用处。结果表明猛兽能够显示什么神的启示。

以赛亚[1]是带来纯粹光明的第一人。

以色列抵抗了罗马，因为以色列的上帝虽然是非物质的，却是与皇帝同等的尘世主宰，正因为这个原因，基督教才得以产生。以色列的宗教并不足够高尚，因此

---

[1] 以赛亚（Isaiah），《旧约》中的人物，他自称见过耶和华（雅赫维），成为犹太王时代的四大先知之一。他要求以色列人悔改，预告上帝降临。后因直谏国王被马拿西王处死。

并不脆弱；多亏了这种坚实，它才能保护最崇高者的发展。①

以色列无视道成肉身的思想，以使耶稣受难成为可能，这一点很必要。罗马也一样（这也许是两个绝无仅有的无视道成肉身的民族）。然而，以色列必定同上帝有某种关系。无灵修也无超自然的整个可能的部分。纯粹的集体宗教。正由于这种无视，由于这种黑暗，它才是上帝的选民。这样，我们便可理解以赛亚的话："我使他们的心脏变得冷酷，以使他们听不见我的话。"

为此，以色列的一切都沾着罪恶，因为若不参与肉身化的神性（la divibité incarnée），便无纯洁可言，而这种不参与已经显而易见。

雅各同天使之争不正是莫大的污点吗？"神将根据雅各的作为惩罚他。自母腹中，他便取代其兄，在他成年后又战胜过神。他同天使斗争成了胜利者，天使哭泣着乞求神恩……"

人反对上帝而又不是战败者，这不是很大的不幸吗？

以色列。自亚伯拉罕起（包括亚伯拉罕），除了几名

---

① 正如薇依在此所说，一方面认识到在以色列的历史中曾有过纯神秘主义的闪光（以赛亚等），另一方面承认初生的基督教曾得到它犹太"外壳"的保护，这等于使以色列的神圣使命合法化。——原编者注

先知之外，一切全是污秽和残忍，好像是有意的。好像为了明确地指出：注意！这，就是恶！

成为上帝的选民，是因为他的盲目；被上帝选中，是因为他是残害基督的刽子手。

犹太人，这一小撮被拔根的人造成了整个人世间的拔根。他们参与到基督教之中，使基督徒与其自身的过去相比成为某种被拔根的东西。文艺复兴时期重新扎根的尝试失败了，因为它是朝着反基督教方向。"启蒙运动"，1789年，政教分离等等由于其进步的谎言更大大加速了拔根过程。被拔根的欧洲通过征服殖民地的战争，使世界其余部分被拔根。资本主义、集权主义属于拔根进程中的组成部分；反犹太复国主义自然扩大了犹太人的影响。亚述①和罗马在被毒药拔根前，一个在东方，一个在西方，已用剑拔了根。

早期基督教用神学教育培养人，让人们接受基督的信息，从而制造出进化观念这种毒药。这和各民族的普遍改宗和世界末日——被视作即将发生的现象——的希望是相符的。但这两种现象均未发生，在经过了17个世纪之后，进化这个观念已被延伸到基督启示时代之后。从此，这个观念便转而与基督教针锋相对。

---

① 亚述（Assyric），西亚古国名。

同基督教真理混杂在一起的其他毒药根源来自犹太人。这种毒药是基督教专有的。

神学教育的隐喻使个人命运解体，而在民族命运中，唯有个人命运能使灵魂得救。

基督教曾想在历史中寻求和谐。这是黑格尔和马克思思想的萌芽。作为有引导的延续性的历史概念，这是基督教的。

我认为，很少有如此极端的虚伪思想。在变化中找和谐，在永恒的反面寻求和谐。对立面的结合很糟糕。

人文主义及其后续并非向着古代回归，而是基督教内在毒性的发展。

超自然的爱不受约束。若要强制它，就用自然的爱取代它。反之，没有超自然的爱的自由，比如1789年的自由，那自由就变得完全虚空，成为简单的抽象化，根本没有任何可能成为现实。

社会的和谐

对于某种秩序来说，高层次的秩序，就是无限向上的秩序，只有以无比小的形式才可能体现在前者之中。黑芥种子，瞬间——永恒的形象，等等……

圆和直线（切线）的接触点。这就是高层次的秩序以无比小的形式存在于低层次的秩序中。

基督是人类和上帝之间的切点。

审慎，纯粹善的极微小特征。

平衡是一种秩序服从另一种秩序，即超越前一种秩序，并以无比小的形式存在于前一种秩序之中。

因此，真正的君主制国家是完美的。

每个人在社会中都无限地小，他代表着超越社会而且无限增大的秩序。

公民对城邦国家的爱，仆从对领主的爱应都是超自然的爱。

唯有平衡才能摧毁、取消力量。社会秩序只能是力量的平衡。

由于我们不能期待没有神恩的人成为义人,那就应当有一个组织完善的社会,让不义之举在持续的摆动中相互惩罚。

唯有平衡才能消灭力量。

若人们得知社会何处出现不平衡,那就应尽己所能在天平轻的一端加上砝码。尽管砝码是恶,但为此目的而使用它,人们也许不会玷污自身。然而应当构想好平衡,并随时准备像正义"这个胜者营垒的逃亡者"那样改变方位。

《高尔吉亚》[①] 中有关几何学的著名篇章的意义。诸物本质上是不可能有任何无限制的发展;整个世界建立在有限和平衡的基础上,国家也一样。各种野心都是过限和荒谬。

过限和荒谬——
野心勃勃者完全忘记了关系这一概念。

愚昧的民族,我的权势把我同你系在一起。

[①] Le Gorgias,柏拉图对话录。苏格拉底有关修辞学的学说同智者派的学说针锋相对。

唉！我的傲气需要你鼎力相助。

封建的纽带，把服从变成人对人的事情，这大大削弱了猛兽的作用。

法律更是如此。

应当只服从法律或是人，这差不多是修道会的情况。应在这个世界上建立城邦。

服从领主，服从人，而且是赤裸的人，仅仅披着庄严誓言的外衣，而这不是假借猛兽的那种威严。

一个组织良好的社会是这样的：国家只行使否定的行动，把舵领航。适时轻轻一压就能调整初露端倪的失衡。

柏拉图《政治家》的意义，在于权力的行使者应该是战胜者和战败者组成的社会阶层。但是，这有悖人性，不然，当胜者为野蛮人时又当作何解释呢？在这方面，野蛮民族战胜文明民族——当这种取胜并非是毁灭性的时候——比文明民族战胜野蛮民族更加富有成果。

技术将力量和文明归在同一范围之中，使二者的更新无法实现。诅咒技术。

除了那些混合的时刻，只有靠超自然因素的介入，才有可能分享强者与弱者之间的力量。

超自然之物在社会中就是双重形式下的合法性：法律和对最高权力的依附。由法律约束的君主政权也许可能进行《政治家》中的混合。但若没有宗教也就不可能有合法性。

服从行使不合法权力的人，那真是一场噩梦。

唯有思想，能使纯洁的合法性——即完全没有力量的概念——成为至高无上的主宰：过去如此，以后也永远如此。

因此，改革始终应该如此：或者显现为回归已经衰退的过去，或者显现为适应新的条件的机制；适应的目的并不是变化，相反，是保持不变的关系，比如 12/4，若 4 变成 5，真正的常数并不是 12/5，而是把 12 变成 15。

合法权威的存在把合目的性置于社会生活的劳动和行为之中，这是一种有别于渴望自我发展（自由主义所承认的唯一动机）的合目的性。

合法性，就是在时间中延续，是恒常性，是常数。它赋予社会生活一种类似合目的性的东西，这种东西存在着，并被认为以前一直存在，以后将永远存在下去。它迫使人准确要求现存之物。

合法性的中断，即拔根。当拔根并非由征服造成，当在某个国家由于滥用合法权威而造成拔根时，不可避免地会激发起挥之不去的进步观念，因为合目的性这时已经转向未来。

无神论的唯物主义必然是革命的，因为要走向尘世间的绝对善，就必须置之于未来。为使这股冲力保持完好，人需要一位在即将来临的完美和现时之间的中保。中保就是领袖。领袖无懈可击，纯洁无瑕。恶通过他变成了善。

应当如此，或就是如此：或者爱上帝，或者任凭日常生活中诸多小善和小恶的摆布。

进步与低层次之间的联系，（因为一代人从上一代停步的地方开始，所能继续的必然是外在的），是力量和卑下之间存在关联的例证。

最高明的无神论是进化论，这种思想是对实证本体论证明的否定，因为它意味着平庸可能从自身产生最佳。可是，整个现代科学都有助于推翻进化的观念。达尔文推翻了拉马克①作品中内在进化的幻想。变化的理论继续存在下去的只有偶然和淘汰的思想。能量学指出能量自行衰退而决不会再升，这也同样适用于动植物的生命。

---

① Lamarek (1744—1829)，法国博物学家，他被视为"自然发生"和"变化论"这两种理论的奠基人。

心理学和社会学只有运用与能量类似的概念——这种运用和整个进化思想格格不入——才可能是科学的，才可能散发出真正信仰的光芒。

只有永恒不受时间影响。为了让一件艺术作品永久被人欣赏，为了让爱、友谊持续整个一生（即使是让爱和友谊可能保持一整天的纯洁），为了让人类命运的观念历经沧桑和曲折仍然存在，那就必须要有天的另一边降临的启示。

根本不可能实现的未来——就像西班牙无政府主义者的理想，比起可能实现的未来，蜕变要小得多，与永恒的差别也要小得多。若非通过可能性的幻想，它甚至根本不会蜕变。若未来被设想为不可能，它就转入永恒。

可能是想像的地盘，它是由蜕变造成的。人应当欲求的东西，或者确实存在，或者根本不可能存在，最好是欲求二者。现存者和不可能存在者，二者都是超出生成的。过去，当想像并不沉浸其中时——即机遇使纯粹的过去突显出来的时刻——它是具有永恒色彩的时光。现实感在过去之中是纯粹的，这就是纯粹快乐之所在，美之所在。普鲁斯特。

现在，我们依恋它；未来，我们在想像中构造它。只有过去，当我们并不编造它时，它是纯粹的现实。

时光流逝，销蚀、摧毁了世俗的东西。因此，过去比现在拥有更多的永恒。其中富有类似普鲁斯特作品中的回忆价值的历史价值。因此，过去向我展示的东西，既是现实的，又比我们自身更加美好，能让我们向上提升，而未来绝对做不到。

过去：是现实的，但绝对超出我们的能及范围，我们无法向过去迈近一步，我们只能向往过去，以使过去散发到我们周围。由此而产生现实的永恒、超自然的最佳形象。

是否因此，在如此这般的回忆中才有快乐和美存在？

我们的新生从何而来？我们已玷污并倾空了人间大地。

只有从过去那里来——如果我们热爱过去的话。

对立面。今天，人们渴望而又厌恶集权主义，几乎每个人都喜欢一种集权主义而又厌恶另一种集权主义。

在人之所爱和人之所恨之间是否永远存在同一性？当人之所恨，以另一种形式出现时，人还有必要去爱它吗？反之呢？

大革命不灭的幻想在于相信：由于权力的受害者是遭受暴力残害的无辜，若让他们掌握权力，他们就会公正地使用它。然而，除了足够接近神性的人，受害者如刽子手一样被权力玷污。剑柄上的恶被传送到尖端。如此这般被置于顶峰并沉迷于变化的受害者，会同样或更多地作恶，随后，马上会再次跌落在地。

现代集权主义之于12世纪的天主教集权主义，犹之乎世俗精神和共济会精神之于文艺复兴。每逢一次动荡，人类下行一步。最终会行至何处呢？

在我们的文明陷落之后，二者必取其一：或者，像古代文明那样全部消亡，或者，适应这个被"去中心"的世界。

一切取决于我们，并非去打破集中（因集中会自动滚雪球，直至灾祸降临），而是为未来做准备。

我们的时代摧毁了内部等级。这样的时代又怎么会让社会等级继续存在下去呢？社会等级只是内部等级的一个缩影。

你不可能出生①在一个比人们已丧尽一切的时代更美好的时代。

---

① "出生"在此是过去分词née（阴性），即说明"你"是女性。

劳动的奥秘

人类命运的秘密，就是在人和周围的自然力量之间没有平衡可言，后者在无为中远胜过前者。只有在行动中才能有平衡，人在劳动中通过行动再创自己的生活。

人的伟大就是不断再创他的生活，再创已赋予他的东西，铸造他的经历。通过劳动，他造就自身的自然生活。通过科学，他运用象征再创天地。通过艺术，他再创身体和灵魂的结合。请注意，这三者之中的每一个都是某种贫乏、空无和徒劳的东西，各自独立，与其他二者并无关系。三者的结合：工人文化（你可以永远期待）……

柏拉图本人只是先驱者。希腊人通晓艺术、体育，但却不知劳动。主人是奴隶的奴隶——这是从奴隶制造主人的意义上讲的。

两项任务：
使机器个体化；

使科学个体化（普及，建立职业基础之上的苏格拉底式的民众大学）。

体力劳动。为什么不曾出现过论述厌恶劳动的用途的工农神秘主义？这种如此常见的厌恶始终具有威胁力，灵魂躲避它并通过植物性的反应让它在自己面前消失。承认它就有死亡的危险。这就是大众群体特有的谎言的来源。（在各种层次上都存在的各自特有的谎言。）

这种厌恶是时间的重负。自认这一点而不回避，使人上升。

各种形式下的厌恶是天赋于人的最珍贵的苦难之一，它是上升的阶梯。我尽情享受这种恩惠。

把一切厌恶转化为对自己的厌恶……

单调是具有更加美好或更加可怕的东西。若是永恒的反映，就更加美好。若是一成不变的持续，那就更加可怕。被超越或被僵化的时间。

循环象征着美好的单调，是可怕的单调的钟摆摇动。

劳动的灵性。劳动让人疲乏不堪地感受到像被踢回的球一样的合目的性现象；劳动为了吃饭，吃饭为了劳动……若把二者之一视为目的，或是把二者分别看待，人就完了。循环包括真理。

笼中旋转的松鼠和天体的运转。极端的贫困和极度的伟大。

当人把自己视作在圆形笼中旋转的松鼠时，他才接近了救赎——如果他没有撒谎的话。

体力劳动的巨大痛苦，是人仅仅为了生存，不得不做如此长期的努力。

奴隶是这样的人：他付出如此辛劳，结果除了苟活在世，可以说是一无所得。

那么，他或者应当脱离出来，或者应当落到植物层次。

尘世间没有任何合目的性能分离劳动者与上帝。在这种处境中，二者是绝无仅有的。其他一切处境都包含把人和纯粹善分离的特殊目的。对于劳动者，这道屏障并不存在。他们没有必须抛弃的多余的东西。

出于必然性而做出努力，而不是为了善——被推动而不是被吸引——维持生存现状，那永远是受奴役。

从这个意义上说，体力劳动者受奴役是不可改变的。

没有目的性的辛劳。

这很可怕——或者说比一切都要美丽，如果这是一种没有结果的合目的性。唯有美才使人对现时存在满意。

劳动者更需要诗歌，而不是面包。他们需要生活成为诗歌，需要永恒的光芒。

唯有宗教能够成为这种诗歌的源泉。

取消这样的诗歌，可解释各种形式的道德沦丧。

受奴役，就是没有永恒光芒、没有诗歌、没有宗教的劳动。

但愿永恒之光不是给予人活着和劳动的某种理由，而是给予人无须寻找理由的充足理由。

由于缺少这些，推动力就仅仅是强制和利诱。强制，意味着压迫民众。利诱，意味着腐蚀民众。

体力劳动。时间进入身体。人通过劳动变成物质，就像基督通过圣事圣体道成肉身。劳动如同死亡。

必须通过死亡。必须被杀，忍受世界之重负。天地重压人的双肩，人感到疼痛又有什么可惊奇的？

若劳动没有动力，那就如同死亡。行动应该是无视成果的行动。

劳动——如果人已筋疲力尽，就会像物质一样服从时间。思想被迫从一个瞬间到下一个瞬间，然而既抓不住过去，也靠不上未来。这就是服从之所在。

同辛劳并行的快乐。可感的快乐，吃饭，休息，星期天的休闲……但是，金钱不在此列。

若没有辛劳、没有由于辛劳产生的饥渴，任何关涉大众的诗歌都是不真实的。

图书在版编目（CIP）数据

重负与神恩 / (法) 西蒙娜·薇依著；顾嘉琛, 杜小真译. 2版. -- 北京：华夏出版社有限公司, 2025. -- (薇依作品集). ISBN 978-7-5222-0918-0

Ⅰ. B978

中国国家版本馆 CIP 数据核字第 20259YQ554 号

重负与神恩

作　　者	[法]西蒙娜·薇依
译　　者	顾嘉琛　杜小真
责任编辑	王霄翎
责任印制	刘　洋
出版发行	华夏出版社有限公司
经　　销	新华书店
印　　装	三河市万龙印装有限公司
版　　次	2025 年 8 月北京第 2 版
	2025 年 8 月北京第 1 次印刷
开　　本	880×1230　1/32
印　　张	8
字　　数	135 千字
定　　价	69.00 元

华夏出版社有限公司　地址：北京市东直门外香河园北里 4 号　邮编：100028
网址：www.hxph.com.cn　电话：(010) 64663331（转）
若发现本版图书有印装质量问题，请与我社营销中心联系调换。